Budzinski/Kerber
Megafusionen

Zukunft der Sozialen Marktwirtschaft

Herausgeber: Hans D. Barbier, Rainer Klump,
Christian Watrin, Horst Friedrich Wünsche

Schriftenreihe der Ludwig-Erhard-Stiftung, Bd. 5

Die Ludwig-Erhard-Stiftung ist 1967 von Altbundeskanzler Prof. Dr. Ludwig Erhard gegründet worden, um freiheitliche Grundsätze in Politik und Wirtschaft zu fördern. Ihre Arbeit wird von der Heinz Nixdorf Stiftung unterstützt.
Die Schriftenreihe der Ludwig-Erhard-Stiftung, „Zukunft der Sozialen Marktwirtschaft", soll Orientierungshilfen und Handlungsempfehlungen geben. Sie wendet sich gleichermaßen an die praktische Politik wie an politisch interessierte Leser.

Oliver Budzinski
Wolfgang Kerber

Megafusionen, Wettbewerb und Globalisierung

 Lucius & Lucius · 2003

Anschriften:

Dr. Oliver Budzinski
Prof. Dr. Wolfgang Kerber
Philipps Universität Marburg
FB Wirtschaftswissenschaften
Universitätsstraße 25a
35032 Marburg

Ludwig-Erhard-Stiftung
Johanniterstr. 8
53113 Bonn

Redaktion: Philipp Wolter

Bibliografische Information der Deutschen Bibliothek

Die Deutsche Bibliothek verzeichnet diese Publikation in der Deutschen Nationalbibliografie; detaillierte bibliografische Daten sind im Internet über http://dnb.ddb.de abrufbar

ISBN 3-8282-0257-8

© Lucius & Lucius Verlagsgesellschaft mbH, Stuttgart 2003
Gerokstr. 51, D-70184 Stuttgart
www.luciusverlag.com

Das Werk einschließlich aller seiner Teile ist urheberrechtlich geschützt. Jede Verwertung außerhalb der engen Grenzen des Urheberrechtsgesetzes ist ohne Zustimmung des Verlages unzulässig und strafbar. Das gilt insbesondere für Vervielfältigung, Übersetzungen, Mikroverfilmungen und die Einspeicherung, Verarbeitung und Übermittlung in elektronischen Systemen.

Druck und Einband: Druckhaus Thomas Müntzer, Bad Langensalza
Printed in Germany

Inhalt

I. **Internationale Megafusionen auf globalisierten Märkten**
  1. Globalisierung und globales Unternehmenswachstum 9
  2. Internationale Megafusionen und Fusionswellen......... 11
  3. Drei Beispiele für internationale Megafusionen........... 17
      3.1 Boeing/McDonnell Douglas (MDD) 17
      3.2 Daimler-Benz/Chrysler 19
      3.3 AOL/Time Warner 21
  4. Leitfragen der weiteren Analyse 25

II. **Wettbewerb und Wettbewerbspolitik**
  1. Warum ist Wettbewerb wichtig? 27
  2. Wodurch kann Wettbewerb beschränkt werden? 30
      2.1 Staatliche Wettbewerbsbeschränkungen 31
      2.2 Private Wettbewerbsbeschränkungen.................... 31
      2.2.1 Kartelle und abgestimmte Verhaltensweisen 32
      2.2.2 Unternehmenskonzentration 33
      2.2.3 Behinderungswettbewerb 34
  3. Grundzüge deutscher und europäischer
     Wettbewerbspolitik.. 35
      3.1 Kartellverbot mit Ausnahmen................................ 37
      3.2 Fusionskontrolle.. 38
      3.3 Missbrauchsverbot
          für marktbeherrschende Unternehmen 40
      3.4 Interventionistische Gefahren
          der praktischen Wettbewerbspolitik...................... 41

III. Vorteile und Gefahren von Fusionen auf globalen Märkten

1. Warum fusionieren Unternehmen? 42
   1.1 Synergieeffekte und Größenvorteile 42
   1.2 Konzernrestrukturierung 47
   1.3 Markterweiterung und Marktrestrukturierung 48
   1.4 Eigeninteressen und psychologische Effekte 49
   1.5 Monopolisierung und Marktmacht 52
   1.6 Bedeutung der Fusionsmotive und Folgerungen . 53
2. Stellen horizontale Fusionen eine Gefahr für den Wettbewerb dar? 55
   2.1 Fusionen und Unternehmenskonzentration 55
   2.2 Entstehung und Ausnutzung von Marktmacht 57
   2.2.1 Allgemeine Darstellung 57
   2.2.2 Ein Beispiel: Die Vorwürfe gegen Microsoft 62
   2.3 Effizienzvorteile und ihre Realisierbarkeit 64
   2.4 Innovation und Konzentration 69
3. Besondere Probleme vertikaler und konglomerater Fusionen 74
4. Zwischenfazit 79

IV. Internationale Fusionen und wirksame Wettbewerbspolitik

1. Wie funktioniert die europäische Fusionskontrolle? 82
2. Die europäische Fusionskontrolle in der Praxis 90
   2.1 Daimler-Benz/Chrysler 90
   2.2 Boeing/McDonnell Douglas 93
   2.3 AOL/Time Warner 96

3. Ist die europäische Fusionskontrolle bei
   internationalen Megafusionen wirksam? 102
4. Brauchen wir eine
   internationale Wettbewerbspolitik? 106

Literatur 113

Register 121

Begriffserklärungen 125

I. Internationale Megafusionen auf globalisierten Märkten

1. Globalisierung und globales Unternehmenswachstum

Der Prozess der Globalisierung gehört zweifellos zu den beherrschenden Trends des beginnenden 21. Jahrhunderts. Ökonomisch betrachtet bedeutet Globalisierung vor allem das Zusammenwachsen bisher nationaler und damit voneinander getrennter Märkte zu übernationalen, häufig weltumspannenden Märkten. Zu den Triebkräften dieser ökonomischen Globalisierung gehören die Liberalisierung der Güter- und Finanzmärkte, das heißt der Abbau von Handelsschranken (Zölle, Ein- und Ausfuhrkontrollen usw.) und Kapitalverkehrsbeschränkungen sowie die technologischen Fortschritte in der Informations- und Transportindustrie, welche auch räumlich weit entfernte Weltregionen zusammenwachsen lassen. Bereits heute ist – unter anderem dank des Internets – der weltumspannende Informationstransfer innerhalb kürzester Zeit und zu geringen Kosten möglich, was insbesondere die Globalisierung der Finanz- und Kapitalmärkte begünstigt hat. Aber auch der internationale Gütertransfer ist gegenwärtig schneller und zu relativ geringeren Kosten abwickelbar als noch vor 20 Jahren.

Infolge dieses Globalisierungsprozesses verändern sich auch der Wettbewerb und die Anforderungen an die Anbieter und Nachfrager auf den Märkten. Der Übergang von nationalen zu internationalen Märkten bedeutet zunächst einmal eine massive Vergrößerung sowohl der Märkte selbst als auch der Anzahl der jeweiligen Marktteilnehmer. Insbesondere für die bisher im nationalen Rahmen großen und bedeutenden Unternehmen geht damit der Verlust ihrer bisherigen Stellung einher. Gehörten sie im nationalen Rahmen zu den Marktführern, so sind sie im Weltmarkt unter Umständen nur einer von vielen Anbietern. Da nationale Märkte weniger vor Markteintritten ausländischer Konkurrenten geschützt sind, nimmt der Wettbewerb zu. Bisherige (teilweise fest zementierte) Markt- und Machtpositionen werden aufgebrochen. Aus ökonomischer Perspektive stellt die Globalisierung eine positive Entwicklung dar, denn der intensivere Wettbewerb verringert die Macht der Anbieter und gereicht damit gerade den Konsumenten zum Vorteil.

Dennoch weckt die ökonomische Globalisierung in den Bevölkerungen der beteiligten Länder Unbehagen und ruft teils gewalttätige Proteste hervor. Unter den Protestierenden finden sich nicht nur Kapitalismusgegner, auch einige Verfechter der Marktwirtschaft hegen Bedenken.[1] Dies ist unter anderem darin begründet, dass viele Unternehmen auf die Vergrößerung der Märkte mit einer konsequenten Wachstumsstrategie zu reagieren versuchen, um ihre marktführende Stellung auch auf den internationalen Märkten zu sichern. Das Unternehmenswachstum wird vor allem durch Fusionen herbeigeführt. Gelegentlich führt das zu Zusammenschlüssen gigantischer Konzerne und zu einer bisher nicht gekannten Ballung finanzieller Ressourcen, die das Volkseinkommen kleinerer Staaten übertreffen kann. Daneben bildet sich ökonomische Macht, die sich in einer großen Anzahl von abhängig Beschäftigten, aber auch in tatsächlichen oder vermeintlichen großen politischen Einflussmöglichkeiten niederschlägt. Manche sehen angesichts der entstehenden internationalen Konzerne (Global Players) bereits die tatsächliche Macht der (demokratisch gewählten) Regierungen schwinden und eine globale Herrschaft des Kapitals heraufziehen.

---

1 Eine differenzierte und ökonomisch fundierte Globalisierungskritik liefert beispielsweise der Träger des Nobelpreises für Wirtschaft *Joseph Stiglitz* (2002). Globalisierungskritik mit (pauschaler) Kapitalismus- und Marktwirtschaftskritik verbinden hingegen *Hardt/Negri* (2000).

Aber auch aus rein ökonomischer Perspektive ist mit den internationalen Großfusionen die Gefahr verbunden, dass eine zu hohe Unternehmenskonzentration (das heißt eine zu geringe Zahl an Anbietern oder Nachfragern) die Wettbewerbsintensität zwischen den Global Players mindert oder im Extremfall gar weltumspannende Monopole entstehen. Damit würde die oben konstatierte positive ökonomische Wirkung der Globalisierung des Wettbewerbs in ihr Gegenteil verkehrt. Stellen internationale Fusionen zwischen großen Konzernen wirklich eine Gefährdung des Wettbewerbs und der Marktwirtschaft dar? Und welche Möglichkeiten hat die (Wettbewerbs-)Politik, eine solche Entwicklung zu kontrollieren? Diese Fragen werden im vorliegenden Band behandelt. Es wird versucht, ein differenziertes Bild der grundsätzlichen Problematik von Unternehmenszusammenschlüssen und insbesondere der speziellen Wirkungen internationaler Megafusionen zu zeichnen. Hierzu ist zunächst das Phänomen internationaler Megafusionen selbst genauer zu betrachten.

2. Internationale Megafusionen und Fusionswellen

Unter internationalen Megafusionen sind Zusammenschlüsse mindestens zweier Unternehmen zu verstehen, die entweder bereits vorher international tätig waren oder durch die Fusion international tätig werden. Dabei ist das jeweilige Herkunftsland weniger bedeutsam als die faktische Tätigkeit der fusionierenden Unternehmen, das heißt, auch bei der Fusion zweier weltweit agierender US-amerikanischer Unternehmen kann man von einer internationalen Megafusion sprechen. Die resultierenden Global Players sind bezüglich ihrer Geschäftstätigkeit häufig ohnehin kaum noch bestimmten Nationen zuzuordnen.

Die gegenwärtig zu beobachtende Häufung solcher Megafusionen – oft mit Vokabeln wie Fusionitis und Mergermania belegt – stellt an sich wirtschaftshistorisch keine Besonderheit dar.

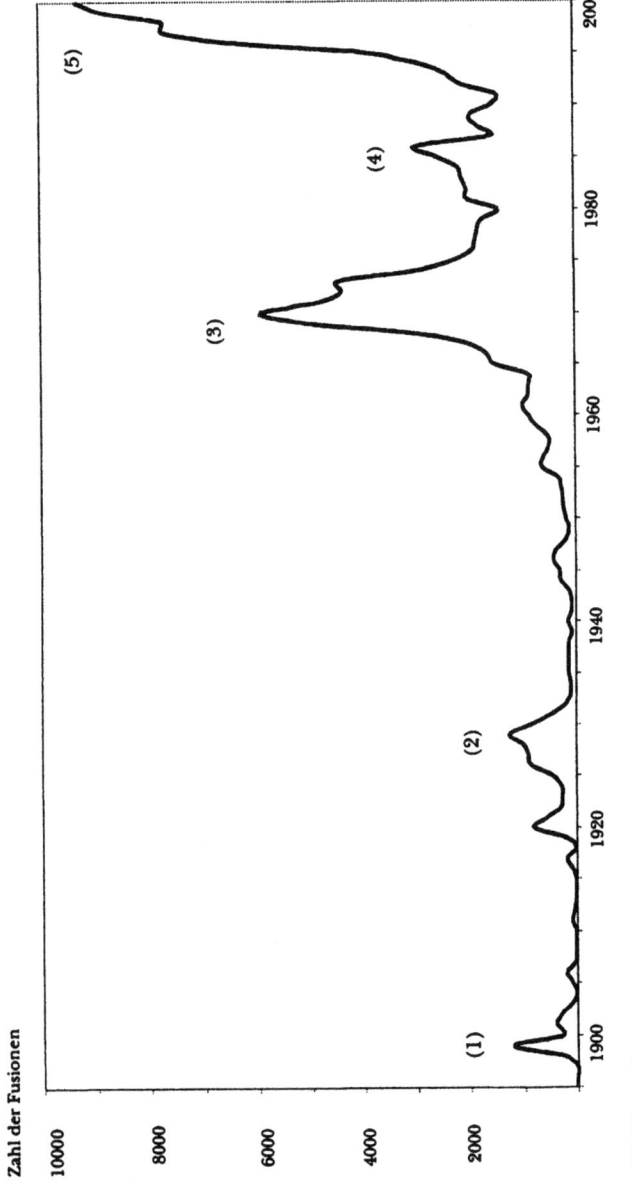

Abbildung 1
Quelle: www.m-and-a.de

	Zeitraum	Auslöser	Folge	Ziel
(1)	1887–1904	Preisverfall, Überkapazitäten, US-Kartellverbot (Fusion als Ausweichstrategie)	Horizontale Konzentration	Marktmacht durch Trustbildung
(2)	1916–1929	Industrielle Massenproduktion, Netzwerkeffekte	Vertikale Integration	Marktmacht, Kontrolle über die gesamte Wertschöpfungskette
(3)	1965–1969	Diversifikation, Massenproduktion	Horizontale und konglomerate Fusionen	Größen- und Verbundvorteile
(4)	1984–1989	Diversifikation	Konzernumstrukturierung, strategische M&A (Mergers&Acquisitions)	Risikostreuung, Synergievorteile, M&A als Geschäft
(5)	1993–2001	Globalisierung, Konzentration auf Kernkompetenzen	Internationale Megafusionen, horizontale Konzentration	Global Player

Erläuterungen zu Abbildung 1

Ausgehend von der ersten großen Konzentrationswelle (etwa von 1884 bis 1904) sind immer wieder Phasen intensiver Fusionstätigkeit identifizierbar, die sich mit eher ruhigen Perioden abwechseln. Allerdings weist die seit Mitte der 1990er Jahre beobachtbare Fusionswelle eine Reihe von besonderen Merkmalen auf. Neben der Internationalität der Zusammenschlüsse fällt auf, dass vor allem ähnlich große Konzerne miteinander fusionieren (Equal Mergers), während früher die Übernahme kleinerer durch große Konzerne dominierte. Hinzu kommt, dass die Übernahmepreise in neue Dimensionen vorgestoßen sind: So erreichte allein die Fusion Vodafone Airtouch/Mannesmann im Frühjahr 2000 ein Transaktionsvolumen von rund 190 Milliarden US-Dollar.[2] Tabelle 1 zeigt weitere Beispiele solcher Megafusionen, die nicht nur traditionelle Industriezweige, sondern auch zukunftsträchtige Branchen wie Medien und Kommunikation (Internet) sowie Biotechnologie betreffen. Dabei übersteigt das summierte Transaktionsvolumen der Fusionen für das Jahr 2000 mit rund 3,5 Billionen US-Dollar die Werte der frühen 1990er Jahre um mehr als das Fünffache (Abbildung 2). Insgesamt hat sich auch das durchschnittliche Transaktionsvolumen grenzüberschreitender Fusionen in den letzten zehn Jahren von knapp 30 Millionen US-Dollar auf knapp 160 Millionen US-Dollar in etwa verfünffacht.[3]

Allerdings ist damit der Höhepunkt der gegenwärtigen Fusionswelle vorerst erreicht. Wegen der 2001 einsetzenden rezessiven Tendenzen in der Weltwirtschaft hat sich die weltweite Fusionstätigkeit stark verlangsamt. Dazu haben auch die im Laufe des Jahres 2001 deutlich gesunkenen Börsenkurse beigetragen: Einerseits verringern sich dadurch die für Akquisitionen verfüg-

---

2 Bis 1989 war die Fusion Time/Warner mit einem Volumen von 14 Milliarden US-Dollar der Spitzenreiter.

3 Vgl. auch *Kleinert/Klodt* (2000), Seiten 5 ff. und *Kerber/Budzinski* (2001).

baren Mittel, andererseits sinken auch die Übernahmepreise, was auch bei gleichbleibender Fusionsintensität zu einem Absinken der Transaktionsvolumina führen kann. Es ist jedoch nicht absehbar, ob die internationale Megafusionswelle zu Ende ist, oder ob die Konjunktur- und Börsenentwicklung lediglich für eine vorübergehende Unterbrechung sorgen. Da die Globalisierung der Märkte nach wie vor im Gange und die Restrukturierung der Unternehmen angesichts der wachsenden Marktgrößen noch nicht abgeschlossen ist, steht zu vermuten, dass mit dem nächsten Aufschwung die Fusionstätigkeit wieder zunimmt.

Entwicklung der globalen Fusionstätigkeit
Transaktionsvolumina weltweit in Milliarden US-Dollar

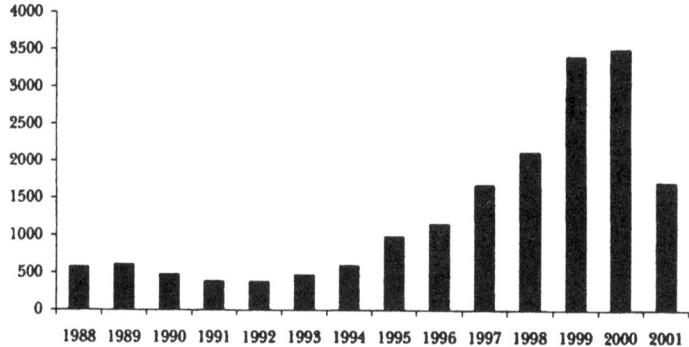

Abbildung 2
Quellen: *Kleinert/Klodt* (2000) und www.m-and-a.de

Nachfolgend sollen anhand von drei Fallstudien Charakteristika internationaler Megafusionen verdeutlicht werden. Diese drei Fälle werden im weiteren Verlauf des Buches als praktische Anwendungsbeispiele dienen, anhand derer die Problematik von Unternehmenszusammenschlüssen analysiert wird.

Internationale Megafusionen

Rang	Unternehmen (Heimatland)	Branche	Jahr	Volumen in Mrd. $
1	Vodafone Airtouch (GB)/Mannesmann (D)	Telekommunikation	2000	190
2	AOL (USA)/Time Warner (USA)	Internet, Medien	2000	166
3	Exxon (USA)/Mobil (USA)	Öl	1998	87
4	Pfizer (USA)/Warner-Lambert (USA)	Pharma	2000	86
5	Travelers Citigroup (USA)/Citicorp (USA)	Banken	1998	72
6	SBC Communications (USA)/Ameritech (USA)	Telekommunikation	1998	72
7	Bell Atlantic (USA)/GTE (USA)	Telekommunikation	1998	71
8	Vodafone Group (GB)/AirTouch Communications (USA)	Telekommunikation	1999	66
9	NationsBank (USA)/Bank America (USA)	Banken	1998	62
10	Total Fina (F)/Elf Aquitaine (F)	Energie	1999	59
11	AT&T (USA)/MediaOne (USA)	Telekommunikation	1999	58
12	BP (GB)/Amoco (USA)	Energie	1998	55

Tabelle 1
Quellen: Thomson Financial Securities Data Company und www.m-and-a.de

3. Drei Beispiele für internationale Megafusionen

Aus der Fülle der in den vergangenen Jahren vollzogenen internationalen Megafusionen wurden drei Fälle ausgewählt, die die Facetten der Wettbewerbsproblematik verdeutlichen. Dies ist erstens der Fall Boeing/McDonnell Douglas, der in der wettbewerbspolitischen Diskussion große Aufmerksamkeit erregt hat, da hierdurch erstmals auf einem Weltmarkt (zivile Düsenflugzeuge) ein Duopol entstanden ist. Als zweites wird mit dem Fall Daimler/Chrysler ein Beispiel einer kontinentübergreifenden Fusion vorgestellt. Während diese beiden Fälle eher traditionelle Industriebranchen betreffen, zielt das dritte Beispiel auf die Märkte für Medien und Information und ist insbesondere für den zukünftigen Wettbewerb im Internet bedeutsam. Es handelt sich dabei um die Fusion America Online (AOL)/Time Warner.

3.1 Boeing/McDonnell Douglas (MDD)

Die 1916 in Seattle gegründete Boeing Company ist in den Bereichen Luftfahrt-, Raumfahrt- und Rüstungstechnik tätig. Der Geschäftsbereich Raumfahrt- und Rüstungstechnik umfasst dabei die Entwicklung, Herstellung und Wartung von Militärflugzeugen und -hubschraubern inklusive der dazugehörigen Systemtechnik sowie von Raketensystemen, Triebwerken und Raumfahrzeugen. Der internationale Erfolg von Boeing ist vorrangig mit der Entwicklung und Produktion düsengetriebener Verkehrsflugzeuge verbunden. Im Laufe der Zeit hat sich Boeing auf dem Markt für düsengetriebene Verkehrsflugzeuge mit über 100 Sitzen zum weltgrößten Hersteller entwickelt. Bereits vor der Fusion mit der McDonnell Douglas Corporation (MDD) lag der Weltmarktanteil von Boeing in diesem Segment bei gut 60 Prozent. Der Konzern erzielte vor der Fusion ein Umsatzvolumen von etwa 20 Milliarden US-Dollar (1995) bei einem Gewinn von knapp einer Milliarde US-Dollar. 1996 übernahm Boeing bereits den erheblich kleineren Konkurrenten Rockwell International (bis 1973 North American Rockwell Corporation).[4]

Die Geschäftsfelder der MDD[5] mit Sitz in St. Louis decken sich weitgehend mit denen von Boeing.[6] Im Bereich Rüstung entwickelte und produzierte MDD Militärflugzeuge, Militärhubschrauber und militärische Systemtechnik. Die Raumfahrtsparte ist in den Bereichen Raketentechnologie, Satelliten, Abschussrampen, Raumstationsbauteile und -systeme, Laser, Sensoren und Systemtechnik tätig. In diesen Bereichen konkurrierten Boeing und MDD unmittelbar um die Aufträge des Pentagon und der NASA, wobei MDD Mitte der 1990er Jahre gegenüber Boeing zunehmend Einbußen hinnehmen musste. Auf dem Markt für düsengetriebene Verkehrsflugzeuge mit über 100 Sitzen war MDD vor der Fusion weltweit drittgrößter Hersteller mit einem (beständig sinkenden) Marktanteil von knapp zehn Prozent. Bereits Anfang 1996 versuchte MDD – allerdings erfolglos –, die verlustbringende Sparte zivile Verkehrsflugzeuge (Douglas Aircraft Company, DAC) zu verkaufen. Bei einem Umsatz von knapp 14 Milliarden US-Dollar erwirtschaftete MDD 1995 einen Verlust von rund 0,5 Milliarden US-Dollar, kehrte 1996 jedoch knapp in die Gewinnzone zurück.

Boeing und MDD meldeten am 16. Dezember 1996 ihre Fusion an, welche dann am 1. August 1997 durch einen Aktientausch vollzogen wurde. Der Kaufpreis betrug gut 13 Milliarden US-Dollar. Der neue Konzern kam auf einen Jahresumsatz von

---

4 Die North American Rockwell Corporation ist ihrerseits 1966 durch die Fusion von North American Aviation, Inc. mit Rockwell Standard Corporation entstanden.

5 Der Konzern entstand 1967 infolge einer Fusion von Douglas Aircraft Company mit McDonnell Aircraft.

6 Einzig das Geschäftsfeld Finanzdienstleistungen (Flugzeugfinanzierung und Leasing kommerzieller Ausrüstungen) stellt eine Ergänzung der Boeing Produktpalette dar.

50 Milliarden US-Dollar und etwa 200.000 Beschäftigte weltweit. Mit einem aggregierten Marktanteil von etwas über 70 Prozent lag Boeing/MDD deutlich vor dem einzigen verbliebenen Konkurrenten, dem europäischen Airbus-Konsortium, das dementsprechend über knapp 30 Prozent Marktanteil verfügte. Während die US-amerikanischen Wettbewerbsbehörden – wohl auch aus nationalen Sicherheitsinteressen – diese Fusion sehr schnell und problemlos genehmigten, sah die EU-Kommission bei ihrer Fusionskontrolle erhebliche Wettbewerbsprobleme. Dies führte zu einer heftigen Auseinandersetzung, die erst durch das Nachgeben der EU beendet wurde. Der gefundene Kompromiss bestätigte die Fusion, allerdings konnte die EU-Kommission einige Auflagen durchsetzen. Die Fusion wurde schließlich am 30. Juli 1997 endgültig freigegeben.

3.2 Daimler-Benz/Chrysler

Die Daimler-Benz AG in Untertürkheim entstand 1926 aus der Fusion der beiden ältesten Automobilfirmen der Welt: Benz AG und Daimler Motoren Gesellschaft AG. Der Automobilbau stellt das Kerngeschäft von Daimler-Benz dar und erwirtschaftet rund 70 Prozent des Konzernumsatzes. Unter den Markennamen Mercedes-Benz, MCC Smart, Freightliner (1981 übernommen), Kässbohrer (1994 übernommen) und Setra wird die nahezu komplette Palette von Automobilen vom Kleinstwagen über Pkw, Transporter, leichte und schwere Lkw bis hin zu Bussen angeboten. Im Pkw-Bereich zielt Daimler-Benz traditionell auf das Segment der Luxusfahrzeuge; allerdings wird die Produktpalette seit Mitte der 1990er Jahre in das Kompaktsegment (A-Klasse) und in das Gelände- und Freizeitsegment (M- und G-Klasse) erweitert. Die weiteren Geschäftsbereiche des Konzerns umfassten die Luftfahrt- und Rüstungsindustrie (DASA), die Bahn- und Schienentechnik (Adtranz) und den Bereich Finanzdienstleistung und Beratung (Debis). Daimler-Benz erreichte 1997 einen Gesamtumsatz von 124 Milliarden DM und beschäftigte rund 300.000 Mitarbeiter. Im Automobilbereich wurde in der EU ein Marktanteil von etwa 3,5 Prozent und in Nordamerika von circa 1,2 Prozent erreicht.

Die Chrysler Corporation wurde 1925 in Detroit als Nachfolgerin der Maxwell Motor Car Company gegründet. Zum Zeitpunkt der Fusion ist Chrysler praktisch ausschließlich im Automobilbau tätig. Unter den Marken Chrysler, Dodge (1928 übernommen), Plymouth, Eagle und Jeep (1987 übernommen) werden Pkw und Geländefahrzeuge sowie Pick-Ups vertrieben. Im Bereich der schweren Lkw ist Chrysler hauptsächlich mit American La France und Sterling vertreten. Die Geschäftstätigkeit von Chrysler ist stark auf den nordamerikanischen Markt konzentriert, in welchem über 90 Prozent des Konzernumsatzes erwirtschaftet werden. Dabei wird ein Marktanteil von etwa 15,5 Prozent erreicht, während der Marktanteil in der EU bei nur knapp einem Prozent liegt. Besonders stark ist Chrysler im Bereich der Massenfahrzeuge, Großraumfahrzeuge sowie der Gelände- und Freizeitfahrzeuge. Nur in den letzten beiden Bereichen kommt Chrysler auch in Europa auf nennenswerte Umsätze. Chrysler erreichte 1997 einen Umsatz von rund 61 Milliarden US-Dollar mit etwa 121.000 Beschäftigten und galt damals als profitabelstes Unternehmen der Automobilbranche.

Am 7. Mai 1998 verkündeten Daimler-Benz und Chrysler ihre Fusion zur DaimlerChrysler AG. Dabei fielen 58 Prozent der neuen Gesellschaft an die Daimler-Benz-Eigner und 42 Prozent an die Chrysler-Eigner. Der neue Konzern erreichte 2002 einen Umsatz von 150 Milliarden Euro mit knapp 365.000 Beschäftigten. Mit einem Transaktionsvolumen von 40,5 Milliarden US-Dollar galt DaimlerChrysler zum damaligen Zeitpunkt als größte transatlantische Industriefusion, mit der nach zeitgenössischen Einschätzungen neue Dimensionen internationaler Megafusionen erreicht wurden. Auf dem gesamten Automobilweltmarkt ist DaimlerChrysler gemessen am Umsatz der drittgrößte Hersteller. Der Marktanteil des neuen Konzerns lag nach der Fusion bei etwa 7,5 Prozent, in der EU bei knapp fünf Prozent (Weltmarktführer General Motors lag bei etwa 16 Prozent). Marktführer wurde DaimlerChrysler allerdings in einigen (kleineren) Marktsegmenten, beispielsweise bei schweren Lkw und Vans (jeweils 20 bis 25 Prozent Marktanteil). Daimler und Chrysler ergänzten sich vor allem in geographischer Hinsicht: Während Daimler-Benz vorrangig in Europa eine starke Marktposition besaß und in Nordamerika zu den Außenseitern gehörte, war Chrysler fast ausschließlich in Nordamerika bedeutsam. Die Marktposition von DaimlerChrysler wird seit Oktober 2000 durch einen 34-Prozent-Anteil an der Mitsubishi Motors Corporation verstärkt. Auf den asiatischen Märkten sind zudem die Allianz mit dem koreanischen Hersteller Hyundai Motor Company (10-Prozent-Anteil durch DaimlerChrysler, weiterer 5-Prozent-Anteil durch Mitsubishi) und das chinesische Gemeinschaftsunternehmen mit der Beijing Automotive Industry Company (BAIC) bedeutsam.[7] Im Rahmen der europäischen Fusionskontrolle wurde der Zusammenschluss Daimler/Chrysler am 22. Juli 1998 genehmigt.

3.3 AOL/Time Warner

Die America Online Inc. wurde 1991 von *Steve Case* in Dulles (Virginia) gegründet.[8] Innerhalb weniger Jahre hat sich AOL zu einem Symbolunternehmen für den Internetboom der 1990er Jahre entwickelt und galt vor der Fusion mit Time Warner bei

---

7 Das DaimlerChrysler-Engagement in China steht Anfang 2003 vor großen Veränderungen, nachdem Fusionsgespräche mit der First Automotive Work (FAW) im Nutzfahrzeugbereich vor dem Scheitern stehen.

8 Die Gesellschaft ging aus der 1985 gegründeten Quantum Computer Services hervor; der Name America Online wurde erstmals 1989 verwendet.

einem Jahresumsatz von etwa sieben Milliarden US-Dollar als eines der wenigen profitablen Unternehmen dieser Branche. Das Hauptgeschäft von AOL und seiner Tochterfirma AOL International[9] ist das Internet Service Providing (ISP). Dies besteht aus dem reinen Internet Providing (Internetzugang, Onlinedienst) und dem Content Supply (Internetinhalte inklusive E-Commerce). Einer der Hauptgründe für den großen und raschen Erfolg von AOL wird in der Innovation des Content Providing, also der Kombination aus dem Angebot von Internetzugängen und der Bereitstellung von Inhalten, gesehen. Hinzu kommt im AOL-Konzern noch das Geschäftsfeld Internetsoftware- und -servicelösungen. AOL bietet ISP sowohl unter eigenem Namen als auch durch die beiden übernommenen Onlinedienste CompuServe (1998) und Netscape Online (1999) an. Zum Content Providing von AOL zählen unter anderem Digital City (E-Commerce), MapQuest (Online-Landkarten und Navigation) und Moviefone (Filmführer und Ticketservice). Der Geschäftsbereich AOL-Software- und Internetservice besteht im Wesentlichen aus Netscape Communications (Browsersoftware, von AOL 1999 übernommen), AOL Instant Messenger und ICQ (Online-Konversation in Echtzeit, 1998 übernommen), AOL Music (Onlinenutzung von Musik vor allem über die eigene Software WinAmp, Spinner und Shoutcast), iPlanet (E-Commerce-Lösungen, Software und Service) sowie DMS (digitaler Marktforschungsservice).

Zum Ausbau seiner Marktposition bei den Internetinhalten und zur Verbesserung der Kopplung von Inhalten und Zugang ging AOL 1995 eine Kooperation mit Bertelsmann und dem französischen Mischkonzern Vivendi (über dessen Töchter Cegetel und Canal Plus) ein, die unter anderem eine 50-Prozent-Beteiligung von Bertelsmann an AOL Europe und die bevorzugte Distribution von Bertelsmann-Inhalten (vor allem CLT-UFA,

---

9 AOL International bündelt die Aktivitäten von AOL außerhalb der USA, beispielsweise AOL Europe S.A. oder AOL Australia.

Pearson, BMG) über AOL beinhaltete. Zudem besteht ein Jointventure zwischen Bertelsmann und Lycos Europe/Comondo (Internetservice und -zugang). Im Vorfeld der Fusion mit Time Warner einigten sich AOL und Bertelsmann im März 2000 auf einen allmählichen Rückzug von Bertelsmann aus AOL Europe (Verkauf der Anteile an AOL). Im Gegenzug wurde eine enge Kooperation von AOL und Bertelsmann vereinbart.[10]

Im Hauptgeschäftsfeld Content Providing war (und ist) AOL weltweiter Marktführer. Hingegen befand sich AOL im Bereich Internetsoftware in einer weitaus schwächeren Marktposition. Der Internetbrowser Netscape war zwar Nummer zwei auf dem Weltmarkt, jedoch lag sein Marktanteil auf diesem von dem Microsoft Internet Explorer dominierten Markt unter zehn Prozent. Im Bereich der Online-Musiknutzungssoftware war AOL immerhin viertstärkster Weltmarktteilnehmer, allerdings mit sehr großem Abstand zu den Marktführern. Als Manko wurde bei AOL vor allem die eigene Schwäche in der Produktion von Internet- und E-Commerce-tauglichen Inhalten betrachtet, welche auch durch die Kooperation mit Bertelsmann keine befriedigende Lösung erfahren hatte. Der Ausbau von AOL zu einem Konzern, der von der Produktion über die Verbreitung der Inhalte bis zum Internetzugang die gesamte ISP-Wertschöp-

---

10 Diese beinhaltete: (1) AOL wird die Bertelsmanninhalte (insbesondere Musik und Bücher) weiterhin bevorzugt platzieren, beispielsweise durch einen permanenten Link (über die Platzierung des entsprechenden Logos der jeweiligen Bertelsmannfirma auf prominenten AOL-Seiten), (2) Bertelsmann verwendet die AOL-Seiten als bevorzugte (entgeltliche) Werbefläche und wirbt selbst neue AOL-Nutzer (werden bestimmte Zielvereinbarungen nicht erreicht, verzichtet Bertelsmann auf Werbung bei anderen ICP-Anbietern und bewirbt diese nicht), (3) Bertelsmann stellt die eigenen Inhalte AOL zu Vorzugskonditionen zur Verfügung und (4) Bertelsmann verpflichtet sich, seine Onlinemusikrechte kompatibel zum AOL Music-Player WinAmp zu gestalten.

fungskette abdeckt, war dann wohl auch das dominierende Motiv für die Fusion mit Time Warner.

Time Warner hat seinen Hauptsitz in New York und entstand 1989 aus der Fusion des Verlagshauses Time Inc. mit dem Entertainmentunternehmen Warner Communications (beide 1922 gegründet). 1996 kam noch Turner Broadcasting (TV-Kanäle und Filmproduktion) hinzu. Damit ließen sich vor der Fusion mit AOL fünf Geschäftsbereiche identifizieren:

- Kabel- und Satelliten-TV-Programme (insgesamt 27 Sender, unter anderem CNN, TNT und Cartoon Network; dazu weitere Beteiligungen, beispielsweise an n-tv, BSkyB und VIVA) sowie Pay-TV (hauptsächlich in den USA).
- Verlagserzeugnisse (Bücher und Zeitschriften).
- Musikrechte und -produktion (Warner Music Group: WEA Inc., Warner-Chappell Music Inc., diverse Labels; Minderheitsbeteiligung am Sony-Internetmusikhändler CD Now).
- Kino- und Fernsehfilme, sowohl Produktion als auch Verleih und Rechtehandel (Warner Bros., New Line Cinema, MGM/Universal Artists).
- Breitbandkabelnetz in den USA (digitales Kabelfernsehen).

Time Warner war zum Zeitpunkt der Fusion mit AOL das umsatzstärkste Medienunternehmen der Welt mit 27 Milliarden US-Dollar Umsatz. Die wichtigsten Konkurrenten waren Walt Disney (23 Milliarden US-Dollar) und Viacom/CBS (19 Milliarden US-Dollar). Als stärkste nicht-amerikanische Wettbewerber galten Bertelsmann (14,8 Milliarden US-Dollar) und Sony (zehn Milliarden US-Dollar). In den Geschäftsbereichen Musik und Film lag der Weltmarktanteil von Time Warner bei je maximal 20 Prozent, womit man jeweils in etwa die gleiche Marktposition wie die schärfsten Konkurrenten erreichte. In den Bereichen TV, Verlagserzeugnisse und Kabelnetz kam Time Warner nur in den USA auf relevante Marktanteile. Im Internetbereich war Time Warner Anfang 2000 ausschließlich in den USA über den Internetprovider Road Runner (seit 1996) vertreten, der aber nur einen geringen Marktanteil realisierte. Die geringe Präsenz von

Time Warner im Medienzukunftsmarkt Internet stellte ein wesentliches Motiv seitens Time Warner für die Fusion mit AOL dar.

AOL und Time Warner kündigten am 10. Januar 2000 ihre Fusion durch die Gründung einer gemeinsamen Gesellschaft – AOL Time Warner Inc. – an, deren Anteile zu 55 Prozent an die AOL-Eigner und zu 45 Prozent an die Time Warner-Eigner fielen. Mit einem Transaktionsvolumen von 166 Milliarden US-Dollar und einem addierten Börsenwert beider Unternehmen von 350 Milliarden US-Dollar handelte es sich um die bis dahin größte Fusion der Wirtschaftsgeschichte.[11] Im Verlauf der Fusionsabwicklung wurde eine am 24. Januar 2000 angekündigte Fusion zwischen Time Warner und der britischen EMI Group (Musikrechte und -produktion) – auch mit Blick auf die Wettbewerbsbehörden – wieder aufgegeben. Der neue Konzern AOL Time Warner nahm am 11. Januar 2001 seine Geschäftstätigkeit auf. Mit einem Jahresumsatz von 36 Milliarden US-Dollar und 88.500 Beschäftigten entstand der erste Medienkonzern der Welt, der die gesamte Wertschöpfungskette von der Produktion von Inhalten über deren Bereitstellung und Distribution, sowohl über traditionelle Kanäle als auch über das Internet, sowie auch den Zugang zu den Trägermedien abdeckte.

4. Leitfragen der weiteren Analyse

Auf die geschilderten Fusionsbeispiele wird in der nachfolgenden allgemeinen Analyse der Auswirkungen von internationalen

---

11 Dieser Rekord hielt freilich nur etwa einen Monat, bis die medienträchtige „Übernahmeschlacht" zwischen Vodafone Airtouch und Mannesmann in einer Fusionsvereinbarung mit noch größerem Volumen (190 Milliarden US-Dollar) endete.

Megafusionen Bezug genommen werden. Es wird darum gehen, nach Antworten auf drei zentrale Leitfragen zu suchen:

☐ Inwieweit können internationale Megafusionen aus einzel- beziehungsweise betriebswirtschaftlicher Perspektive sinnvoll sein?

☐ Stellen internationale Megafusionen gesamtwirtschaftlich eine Gefahr für Wettbewerb und Wohlstand dar?

☐ Welche wettbewerbspolitischen Kontrollmöglichkeiten bestehen, um solchen Gefahren erfolgreich begegnen zu können?

II. Wettbewerb und Wettbewerbspolitik

Um internationale Megafusionen gesamtwirtschaftlich beurteilen und die Möglichkeiten der Fusionskontrolle ermitteln zu können, ist es notwendig, kurz darauf einzugehen,

☐ welche gesamtwirtschaftlichen Funktionen der Wettbewerb in einem marktwirtschaftlichen System erfüllen soll,

☐ welche Arten von Wettbewerbsbeschränkungen hierbei auftreten können, und

☐ welche Instrumente die deutsche und europäische Wettbewerbspolitik zur Verfügung haben, um solche Wettbewerbsbeschränkungen zu bekämpfen.

1. Warum ist Wettbewerb so wichtig?

Wettbewerb[12] zeigt sich im Bemühen von Anbietern, ihre Produkte so attraktiv zu machen oder diese zu so niedrigen Preisen zu verkaufen, dass die Nachfrager bei ihnen und nicht bei der Konkurrenz kaufen. So entwickeln beispielsweise Automobilhersteller regelmäßig neue Automodelle (mit verbesserter technischer Ausstattung oder attraktiverem Design), um mit solchen Produktinnovationen Konsumenten zu veranlassen, ihre Autos zu kaufen. Der Anreiz der Hersteller liegt im Streben nach höheren Marktanteilen, woraus bei entsprechend niedrigen Kosten höhere Gewinne folgen. Zentral für die Funktionsfähigkeit des Wettbewerbs ist dabei, dass verschiedene Anbieter parallel zueinander mit ihren Leistungen um die Nachfrager konkurrieren. Insofern befinden sich die Unternehmen – wie bei einem sport-

---

12 Aktuelle deutschsprachige Lehrbücher über Wettbewerbstheorie und Wettbewerbspolitik sind beispielsweise *Schmidt* (2001), *Herdzina* (1999), *Neumann* (2000) und *Knieps* (2001); für eine knappe Einführung vgl. *Berg* (1999) und *Kerber* (2003a).

lichen Wettkampf – in einem Rivalitätsverhältnis zueinander, wobei die relativ besseren Anbieter ihre Gewinne erhöhen können, während die zurückbleibenden Anbieter Gewinnminderungen oder gar Verluste hinnehmen müssen.

Genauso wichtig wie das Auftreten mehrerer konkurrierender Anbieter ist, dass die Nachfrager frei zwischen den Anbietern wählen können. Da Anbieter mit schlechteren Leistungen unter Wettbewerbsdruck geraten, werden sie versuchen, durch Leistungsverbesserungen ihre Wettbewerbsposition zu stärken. Insofern zeigt sich ein funktionsfähiger Wettbewerb wenn die Wettbewerber versuchen, mit Leistungsverbesserungen vorzustoßen, gegenüber führenden Anbietern durch Imitationen nachzuziehen oder diese gar zu überholen. Erweisen sich Unternehmen als nicht leistungs- und damit wettbewerbsfähig, müssen sie aus dem Markt ausscheiden.

Wettbewerb übt verschiedene gesamtwirtschaftliche Funktionen aus:[13]

❏ Funktionsfähiger Wettbewerb bewirkt, dass die Unternehmen einen hohen Anreiz haben, ihre Leistungen mit möglichst niedrigen Kosten zu produzieren. Gleichzeitig veranlasst sie der Wettbewerb, ihre Leistungen an den Wünschen der Konsumenten zu orientieren. Die Ausrichtung der Produktion an den Präferenzen der Konsumenten wird als Konsumentensouveränität bezeichnet. Beide Wirkungen des Wettbewerbs führen dazu, dass die Ressourcen einer Volkswirtschaft in ihre jeweils produktivsten Verwendungen fließen (effiziente Allokation). Hierzu gehört auch, dass der Wettbewerb die Unternehmen dazu veranlasst, bei exogenen Veränderungen – wie beispielsweise Nachfrageeinbrüchen – ihre Produktion möglichst schnell an diese Veränderungen anzupassen.

❏ Mindestens ebenso wichtig ist jedoch, dass der Wettbewerb hohe Anreize schafft, neue Produkte und Produktionsverfahren

---

13 Vgl. *Herdzina* (1999), Seiten 11 ff.

zu entwickeln. Insofern ist Wettbewerb vor allem auch als ein Prozess zu sehen, in dem Innovationen kreiert, auf dem Markt ausprobiert und durch Imitationen verbreitet werden. *Hayek* (1968) bezeichnete deshalb den Wettbewerb als ein „Entdeckungsverfahren". *Schumpeter* (1911/1952) wies auf die zentrale Bedeutung von Unternehmern hin, die solche Innovationen auf dem Markt durchsetzen. Aus empirischen Untersuchungen ist bekannt, dass der technische Fortschritt und damit die Innovationsaktivität die wichtigste Determinante für das wirtschaftliche Wachstum von Volkswirtschaften ist. Ein funktionsfähiger Wettbewerb bewirkt folglich nicht nur eine Annäherung an die effiziente Allokation (statische Effizienz), sondern treibt auch die technologische Entwicklung voran und schafft damit neues Wissen (dynamische Effizienz).

☐ Unabhängig von diesen rein ökonomischen Funktionen hat der Wettbewerb auch darüber hinausgehende gesellschaftspolitische Funktionen. Hierzu gehört vor allem, dass bei funktionsfähigem Wettbewerb die wirtschaftliche Macht von Anbietern durch Wettbewerber begrenzt wird, so dass die Nachfrager zwischen verschiedenen Anbietern wählen können. Diese machtbeschränkende und freiheitssichernde Funktion von Wettbewerb ist insbesondere von der Freiburger Schule (*Walter Eucken, Franz Böhm*) hervorgehoben worden.[14]

☐ Da sich in einem funktionsfähigen Wettbewerb die Gewinne (oder Verluste) nach den relativen Leistungen der Unternehmen richten, hat der Wettbewerb auch Einfluss auf die Einkommensverteilung. Das Grundprinzip ist dabei, dass Gewinne Leistungsgewinne sein sollen, das heißt, sie sollen auf Grund besserer Leistungen entstehen und nicht auf Grund von Monopolstellungen oder durch politische Lobbytätigkeit. In diesem Sinne sind vorübergehende Gewinne aus der erfolgreichen Einführung neuer Produkte kein Problem, weil diese auf besserer

---

14 Vgl. *Eucken* (1952).

Leistung beruhen. Funktionsfähiger Wettbewerb geht bei der Verteilung folglich von dem Prinzip der Leistungsgerechtigkeit aus.

2. Wodurch kann Wettbewerb beschränkt werden?

In der Wettbewerbstheorie gibt es unterschiedliche Auffassungen über die Definition von Wettbewerb und darüber, was unter Wettbewerbsbeschränkungen zu verstehen ist und mit welchem theoretischen Ansatz Wettbewerbsprozesse zu analysieren sind. Prinzipiell kann von Wettbewerbsbeschränkungen gesprochen werden, wenn der Wettbewerb seine Funktionen nicht mehr erfüllen kann.

Zentrale Voraussetzung für den Wettbewerb ist, dass der Staat die institutionellen Bedingungen für die Funktionsfähigkeit von Märkten schafft und nicht selbst den Wettbewerb beschränkt.

Zu den institutionellen Funktionsvoraussetzungen für wettbewerbliche Märkte gehört vor allem die Sicherung von Privateigentum und Vertragsfreiheit, weil diese die zentralen Vorbedingungen für die auf dezentralen Entscheidungen basierende marktwirtschaftliche Ordnung sind. Für die Funktionsfähigkeit von Wettbewerbsprozessen schlägt sich dies vor allem einerseits im Recht der Anbieter nieder, selbst über den Einsatz ihrer Aktionsparameter (wie Produktgestaltung, Qualität, Preise, Service) zu entscheiden, sowie andererseits im Recht der Nachfrager, frei zwischen den Angeboten der Wettbewerber auszuwählen.[15] Dazu gehört insbesondere das Recht auf freien Marktzutritt, das heißt, die Offenheit von Märkten ist zu sichern.

---

15 Vgl. *Hoppmann* (1967).

2.1 Staatliche Wettbewerbsbeschränkungen

Staatliche Wettbewerbsbeschränkungen sind eines der schwerwiegendsten Probleme für die Funktionsfähigkeit von wettbewerblichen Märkten.[16] Beispielsweise kann der Staat inländische Anbieter durch Zölle vor ausländischen Wettbewerbern schützen und damit den inländischen Wettbewerb beeinträchtigen (Protektionismus). Auch kann der Staat durch Vergabe von Subventionen an einzelne Unternehmen diesen einen Wettbewerbsvorsprung vor anderen Unternehmen verschaffen. Durch solche Wettbewerbsverzerrungen besteht die Gefahr, dass sich nicht mehr die leistungsfähigsten Unternehmen im Wettbewerb durchsetzen beziehungsweise dass sich ineffiziente Unternehmen auf Grund von Subventionen am Markt halten können. Besonders gravierend ist aber, wenn Leistungen durch staatliche Monopole erbracht werden (Post, Telekommunikation, Energie) und damit der Wettbewerb bewusst ausgeschaltet wird. Durch die Deregulierung der letzten Jahre ist es zum Teil gelungen, solche staatlichen Monopole abzubauen. Die positiven Wirkungen der Deregulierung im Bereich der Telekommunikation (massiv sinkende Preise, steigende Produktvielfalt, Innovationsschub) zeigen eindrucksvoll die Leistungsfähigkeit wettbewerblicher Märkte.

2.2 Private Wettbewerbsbeschränkungen

Für die in diesem Beitrag behandelte Thematik der internationalen Megafusionen sind aber jene Wettbewerbsbeschränkungen von größerer Relevanz, mit denen die Wettbewerber den

---

16 Vgl. *Deregulierungskommission* (1991).

Wettbewerb selbst beschränken können, um sich den unangenehmen Wirkungen des Wettbewerbs zu entziehen. In Abbildung 3 findet sich eine kurze Übersicht der wichtigsten Arten privater Wettbewerbsbeschränkungen.[17]

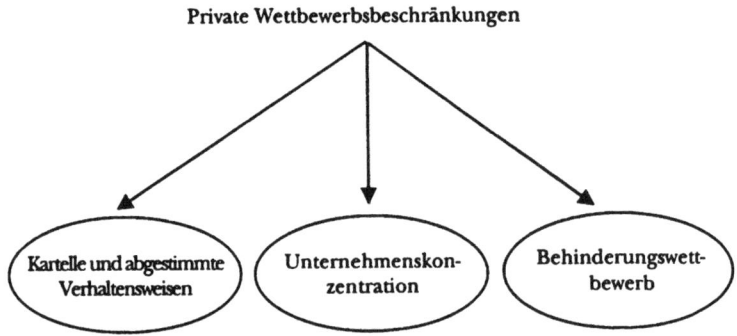

Abbildung 3

2.2.1 Kartelle und abgestimmte Verhaltensweisen

Eine Form der Wettbewerbsbeschränkung besteht darin, dass Anbieter ihre Preise absprechen, um damit Wettbewerb zu verhindern oder gemeinsam Preise erhöhen zu können. Durch Preisabsprachen werden die Nachfrager geschädigt, weil sie in ihrer Wahlfreiheit beschränkt werden und höhere Preise zahlen müssen. Zur Durchsetzung höherer Preise muss gleichzeitig die produzierte Menge reduziert werden, so dass sich die Marktversorgung verschlechtert.

Solche Absprachen können sich auch auf andere Wettbewerbsparameter beziehen. So können auch Vereinbarungen darüber erzielt werden, welche Rabatte oder Zahlungskonditio-

---

17 Für einen Überblick vgl. *Schmidt* (2001), Seiten 117 ff.

nen die Wettbewerber zu geben bereit sind. Eine andere Möglichkeit besteht in einer Aufteilung von Marktgebieten. Entscheidend ist, dass Wettbewerber nicht mehr unabhängig voneinander über den Einsatz ihrer Wettbewerbsparameter entscheiden. Werden solche Absprachen durch vertragliche Vereinbarungen getroffen, spricht man von Kartellen. Nichtvertragliche Formen der Koordination nennt man abgestimmte Verhaltensweisen.

Absprachen über andere Wettbewerbsparameter als Preise, Mengen und Marktaufteilungen sind jedoch differenzierter zu betrachten. So können Rationalisierungsvereinbarungen, bei denen mehrere Wettbewerber gemeinsame Anstrengungen unternehmen, um ihre Kosten zu senken, oder Kooperationen bei der Forschung und Entwicklung (F&E) auch zu gesamtwirtschaftlichen Vorteilen in Form von Effizienzgewinnen oder der Förderung des technischen Fortschritts führen. Insofern liegt es nahe, eine Abwägung zwischen den Vor- und Nachteilen vorzunehmen. Die Erfahrung zeigt jedoch, dass meistens die negativen Wirkungen der Wettbewerbsbeschränkung überwiegen.

2.2.2 Unternehmenskonzentration

Ein Monopol ist dadurch gekennzeichnet, dass vielen Nachfragern nur ein einziger Anbieter gegenübersteht, der einen Monopolpreis oberhalb seiner Durchschnittskosten setzen kann. Monopole führen zu überhöhten Preisen, zu zu geringen Produktionsmengen, einem nicht leistungsgerechten Monopolgewinn sowie im Allgemeinen auch zu einer geringeren Innovationsaktivität. Die Verhinderung von monopolartigen Marktmachtstellungen steht deshalb im Zentrum der Wettbewerbspolitik. Unternehmen können auch dann über Marktmacht verfügen, wenn es auf dem Markt nur wenige Anbieter (Oligopol) mit relativ hohen Marktanteilen gibt. In diesem Fall spricht man davon, dass eine hohe Unternehmenskonzentration vorliegt, weil sich die Marktanteile auf wenige Unternehmen konzentrieren.

Marktbeherrschung eines einzelnen Unternehmens kann bestehen, wenn ein Unternehmen mit sehr hohen Marktanteilen existiert und ansonsten nur noch kleinere Wettbewerber auf dem Markt vorhanden sind. Obwohl kein Monopol vorliegt, kann dieses führende Unternehmen über erhebliche Marktmacht verfügen und damit den Markt weitgehend beherrschen.

Ein marktbeherrschendes Oligopol kann vorliegen, wenn drei oder vier Unternehmen mit je 15 bis 30 Prozent Marktanteilen neben einer Anzahl kleinerer Anbieter existieren. In solchen Oligopolsituationen ist es möglich, dass ein sehr intensiver Wettbewerb zwischen diesen großen Oligopolisten besteht. Oft aber kommt es zwischen diesen Oligopolisten durch ex- oder implizite Absprachen zu einer starken Beschränkung des Wettbewerbs (kollusives Verhalten). Eine solche kollektive Marktmacht kann dann zur Realisierung von Marktmachtgewinnen (Oligopolgewinne) genutzt werden.

Da das Ausmaß der Unternehmenskonzentration eine zentrale Determinante für das Bestehen marktmächtiger Positionen ist, sind Konzentrationsprozesse eine erhebliche Gefahr für den Wettbewerb. Besonders problematisch sind Fusionen, weil durch sie nicht nur die Unternehmenskonzentration erhöht wird, sondern der Wettbewerb zwischen den Unternehmen entfällt und marktbeherrschende Stellungen entstehen können.

2.2.3 Behinderungswettbewerb

Unternehmen können in ihrem Wettbewerb Verhaltensweisen anwenden, mit denen sie ihre Mitwettbewerber behindern. Ähnlich wie bei sportlichen Wettkämpfen ist es auch im marktlichen Wettbewerb von entscheidender Bedeutung, relativ besser zu sein als die Konkurrenten. Insofern kann es eine lohnende Strategie sein, beispielsweise durch Boykotte, spezielle Niedrigpreisstrategien, Irreführung von Verbrauchern oder Betriebsspionage gegenüber Konkurrenzunternehmen unfaire Wettbewerbsmethoden anzuwenden, um sich auf dem Markt durchzusetzen. In solchen Fällen besteht die Gefahr, dass sich nicht die Unternehmen mit den besseren Leistungen durchsetzen, sondern diejenigen, die solche Behinderungspraktiken anwenden. In der Wettbewerbspolitik wird dann von Behinderungswettbewerb gesprochen. Die Gefahr solcher Behinderungspraktiken ist vor allem bei marktbeherrschenden Unternehmen groß. Welche Verhaltensweisen konkret als Behinderungswettbewerb anzusehen sind, hat sich als eine wissenschaftlich nur schwer zu beantwortende Frage erwiesen.

3. Grundzüge deutscher und europäischer Wettbewerbspolitik

Während in den USA bereits gegen Ende des 19. Jahrhunderts mit der Verabschiedung des *Sherman* Acts eine inzwischen ausdifferenzierte und erfolgreiche Wettbewerbspolitik zur Bekämpfung von privaten Wettbewerbsbeschränkungen betrieben wurde (Antitrustpolitik), sind in Europa erst nach dem Zweiten Weltkrieg ernsthafte Versuche zur Etablierung einer wirksamen Wettbewerbspolitik unternommen worden:
☐ Besonders bedeutsam ist das 1958 in der Bundesrepublik Deutschland in Kraft getretene Gesetz gegen Wettbewerbsbeschränkungen (GWB), in dem ein generelles Kartellverbot (mit bestimmten Ausnahmen) und eine Missbrauchsaufsicht über marktbeherrschende Unternehmen eingeführt wurden. Neben der Unterstützung der Alliierten war es vor allem auch die Betonung des Schutzes des Wettbewerbs durch die Freiburger Schule (Ordoliberalismus), welche die Verabschiedung dieses Gesetzes und damit ein Aufbrechen der in Deutschland bis zum Zweiten Weltkrieg bestehenden Kartelltradition möglich gemacht hat. Dieses Gesetz wurde mehrfach novelliert, wobei insbesondere

die Einführung der Fusionskontrolle im Jahre 1973 hervorzuheben ist.

☐ Parallel zu den deutschen Regelungen wurde mit dem Inkrafttreten des EWG-Vertrags 1958 auch die Grundlage für die europäische Wettbewerbspolitik geschaffen. So enthielt der damalige EWG-Vertrag ebenso wie das deutsche GWB ein Kartellverbot mit Ausnahmen sowie eine Missbrauchsaufsicht über marktbeherrschende Unternehmen. Im Unterschied zum deutschen Wettbewerbsrecht wurden diese europäischen Wettbewerbsregeln aber nur langsam und schrittweise umgesetzt. Erst seit der Einführung der europäischen Fusionskontrolle im Jahr 1990 kann man davon sprechen, dass das europäische Wettbewerbsrecht voll ausgebildet ist und alle Bereiche privater Wettbewerbsbeschränkungen systematisch erfasst. Seit dieser Zeit allerdings entwickelt sich die europäische Wettbewerbspolitik zur dominierenden Wettbewerbspolitik in Europa, so dass die nationalen Wettbewerbspolitiken der EU-Mitgliedstaaten einen zunehmenden Bedeutungsverlust erleiden.

Im Wesentlichen weisen die deutsche und die europäische Wettbewerbspolitik eine ähnliche Struktur auf, da beide auf den gleichen drei Hauptinstrumenten basieren. In Abbildung 4 findet sich eine kurze Gegenüberstellung der sich jeweils entsprechenden rechtlichen Regelungen in beiden Wettbewerbspolitiken, die im Folgenden noch etwas näher erläutert werden.[18]

---

18 Knappe Überblicke über die deutsche und europäische Wettbewerbspolitik finden sich in *Schmidt* (2001), Seiten 163 ff. und 225 ff., *Kerber* (2003a) sowie aus rechtswissenschaftlicher Sicht *Emmerich* (2001). Ausführliche Darstellungen geben für die deutsche Wettbewerbspolitik *Herdzina* (1999) und für die europäische Wettbewerbspolitik *Schmidt/Schmidt* (1997).

Europäische und deutsche Wettbewerbspolitik		
Regulierungsinhalt	Europäische Wettbewerbsregeln	Gesetz gegen Wettbewerbsbeschränkungen
Kartellverbot mit Ausnahmen	Art. 81 EGV	§§ 1–8 GWB §§ 14 ff. GWB
Fusionskontrolle	Fusionskontrollverordnung	§§ 35 ff. GWB
Missbrauchsverbot für marktbeherrschende Unternehmen	Art. 82 EGV	§ 19 GWB

Abbildung 4

3.1 Kartellverbot mit Ausnahmen

Sowohl im deutschen als auch im europäischen Wettbewerbsrecht gilt zunächst ein allgemeines Verbot von wettbewerbsbeschränkenden Vereinbarungen. Hierzu gehören sowohl Kartelle als auch abgestimmte Verhaltensweisen, die eine Beschränkung des Wettbewerbs bewirken können (Art. 81 (1) EGV bzw. § 1 GWB). Auf Grund der bereits angeführten Möglichkeit, dass solche Vereinbarungen mitunter aber auch gesamtwirtschaftlich positive Wirkungen haben können, gibt es Ausnahmen vom Kartellverbot, die allerdings im deutschen und europäischen Wettbewerbsrecht unterschiedlich geregelt sind.

Im europäischen Wettbewerbsrecht können nach Art. 81 (3) EGV solche wettbewerbsbeschränkenden Vereinbarungen vom Kartellverbot freigestellt werden, durch die gesamtwirtschaftliche Vorteile (Effizienzvorteile wie Kostensenkungen oder Beiträge zur Förderung des technischen Fortschritts) entstehen, wenn dabei der Wettbewerb nicht ausgeschaltet wird. Ökonomisch bedeutet dies eine Abwägung zwischen den gesamtwirtschaftlichen Vor- und Nachteilen der Wettbewerbsbeschränkung. Zur näheren Konkretisierung hat die Europäische Kommission in so genannten Gruppenfreistellungsverordnungen umfangreiche Regelungen entwickelt, welche Vereinbarungen unter welchen Bedingungen als freistellungsfähige Kartellausnahmen angesehen werden können. Nicht freistellungsfähig sind vor allem Absprachen über Preise, Mengen und Verkaufsgebiete, da hier keine gesamtwirtschaftlichen Vorteile entstehen. Dagegen sind in bestimmten Grenzen beispielsweise Rationalisierungs- und Spezialisierungsvereinbarungen, F&E-Kooperationen sowie eine Fülle von Vertragsformen zwischen Herstellern und Händlern wie Ausschließlichkeitsbindungen oder auch Franchise-Verträge freistellungsfähig vom Kartellverbot.

Im deutschen GWB ist dagegen in den §§ 2 bis 8 GWB im Einzelnen geregelt, unter welchen Bedingungen verschiedene Kartellarten wie zum Beispiel Normen- und Typenkartelle, Spezialisierungs- und Rationalisierungskartelle oder Mittelstandskartelle als Kartellausnahmen zugelassen werden können. Trotz einer anderen Verfahrensweise steht auch hinter den deutschen Kartellausnahmen eine Abwägung zwischen deren Vor- und Nachteilen.

3.2 Fusionskontrolle

Marktbeherrschende Unternehmen werden sowohl in der deutschen als auch in der europäischen Wettbewerbspolitik als ein zentrales Problem angesehen, das es zu bekämpfen gilt. Grundsätzlich soll die Entstehung marktbeherrschender Unternehmen möglichst von vorneherein verhindert werden, indem Fusionen genehmigungspflichtig sind. In beiden Wettbewerbspolitiken werden aber marktbeherrschende Stellungen akzeptiert, wenn sie Resultat von besseren Leistungen sind, beispielsweise, weil ein Unternehmen auf Grund innovativer Produkte immer mehr Marktanteile gewinnt. Im Gegensatz zum US-amerikanischen Antitrustrecht gibt es in der deutschen und europäischen Wettbewerbspolitik nicht die Möglichkeit, marktbeherrschende Unternehmen zu zerschlagen. Sind Unternehmen marktbeherrschend, werden sie einer zusätzlichen Verhaltenskontrolle in Form eines Missbrauchsverbots unterworfen.

Sowohl die deutsche als auch die europäische Fusionskontrolle gilt nur für Großunternehmen. In Deutschland müssen die beteiligten Unternehmen einen weltweiten Gesamtumsatz von mindestens 500 Millionen Euro und in der europäischen Fusionskontrolle von mindestens fünf Milliarden Euro haben. Ist eine Fusion ein Fall für die europäische Fusionskontrolle, dann ist die deutsche Fusionskontrolle nicht mehr zuständig. Nach § 36 GWB hat das Bundeskartellamt eine Fusion zu untersagen, wenn von ihr zu erwarten ist, dass sie eine marktbeherrschende Stellung begründet oder verstärkt. Insofern prüft das Bundeskartellamt ausschließlich die Wirkungen des Zusammenschlusses auf den Wettbewerb. Allerdings ist es in Deutschland möglich, dass sich die beteiligten Unternehmen nach einer Untersagung durch das Bundeskartellamt an den Bundeswirtschaftsminister wenden und eine Ministererlaubnis beantragen. Dies ist ordnungspolitisch problematisch, weil der Bundeswirtschaftsminister die von der Fusion ausgehenden Nachteile für den Wettbewerb mit beliebigen anderen gesamtwirtschaftlichen Vorteilen oder einem überragenden Allgemeininteresse abwägen kann, so dass die Gefahr einer rein politischen Entscheidung entsteht. In der europäischen Fusionskontrolle gibt es eine solche Möglichkeit nicht. Hier hat die EU-Kommission nach Art. 2 der Fusionskontrollverordnung einen Zusammenschluss immer dann zu untersagen, wenn durch ihn eine marktbeherrschende Stellung entsteht oder verstärkt wird.

3.3 Missbrauchsverbot für marktbeherrschende Unternehmen

Die Grundidee des sowohl im deutschen als auch im europäischen Wettbewerbsrecht vorhandenen Missbrauchsverbots (§ 19 (4) GWB; Art. 82 EG-Vertrag) besteht darin, dass der zusätzliche Verhaltensspielraum von marktbeherrschenden Unternehmen nicht missbraucht werden darf. Das Missbrauchsverbot für marktbeherrschende Unternehmen bedeutet somit, dass diese Unternehmen Regeln beachten müssen, die für andere, ausreichend vom Wettbewerb kontrollierte Unternehmen nicht gelten.

Man unterscheidet zwischen Ausbeutungs- und Behinderungsmissbrauch. Ein Ausbeutungsmissbrauch liegt zum Beispiel dann vor, wenn marktbeherrschende Anbieter von ihren Nachfragern überhöhte Preise fordern. In solchen Fällen können die Wettbewerbsbehörden einen so genannten Preismissbrauch feststellen und die Herabsetzung der Preise verlangen. In der Praxis hat sich die Preismissbrauchsaufsicht als schwer umsetzbar erwiesen, so dass sie selten angewandt wird. Von größerer Bedeutung für die Praxis ist dagegen der Behinderungsmissbrauch, das heißt, dass marktbeherrschende Unternehmen ihre Konkurrenten behindern und damit den bereits geschwächten Wettbewerb weiter beeinträchtigen. Zu einem Behinderungsmissbrauch können zum Beispiel Ausschließlichkeitsvereinbarungen, Boykotte, Kopplungsgeschäfte oder Kampfpreisunterbietungen (Dumping) führen. Jedoch ist auch der Nachweis eines solchen missbräuchlichen Verhaltens in der Praxis schwierig.

3.4 Interventionistische Gefahren der praktischen Wettbewerbspolitik

So unverzichtbar die Wettbewerbspolitik ist, so muss doch darauf hingewiesen werden, dass die Wettbewerbspolitik auch interventionistisch in die Marktprozesse eingreifen kann. Staatsversagen, das heißt, eine Wirtschaftspolitik, die zu stark in die Marktprozesse eingreift und damit mehr Schaden als Nutzen anrichtet, ist auch bei der Wettbewerbspolitik nicht ausgeschlossen. So sind nicht wenige Ökonomen der Auffassung, dass die praktische Wettbewerbspolitik oftmals zu restriktiv vorgeht und Verhaltensweisen oder auch Fusionen als wettbewerbswidrig verbietet, die tatsächlich keine Wettbewerbsgefährdung darstellen.

Ein anderes Problem besteht darin, dass die Wettbewerbspolitik zu industriepolitischen Zwecken missbraucht werden kann, beispielsweise wenn Fusionen trotz Entstehung marktbeherrschender Stellungen genehmigt werden, um die internationale Wettbewerbsfähigkeit der inländischen Industrie zu fördern. Insofern ist die Wettbewerbspolitik anfällig für den Lobbyismus von spezifischen Interessengruppen. Dieser Gefahr hat man in Deutschland durch die Etablierung eines unabhängigen Bundeskartellamtes vorzubeugen versucht. Allerdings wird seine Unabhängigkeit durch die Möglichkeit einer Erlaubnis durch den Bundesminister für Wirtschaft eingeschränkt.

III. Vorteile und Gefahren von Fusionen auf globalen Märkten

1. Warum fusionieren Unternehmen?

In einer Marktwirtschaft streben Unternehmen in der Regel eine Verbesserung ihrer Wettbewerbsposition an. Dies geschieht vorrangig durch Verbesserung des Leistungsangebots, um durch günstigere Preise, höherwertige und innovative Produkte oder besseren Service der Konkurrenz Marktanteile abzunehmen. Wachsen Unternehmen so aus eigener Kraft, spricht man von internem Unternehmenswachstum. Daneben steht das externe Unternehmenswachstum, wenn sich zwei oder mehr Unternehmen zusammenschließen oder ein Unternehmen ein anderes übernimmt. Fusionen können vielfältig motiviert sein.[19]

1.1 Synergieeffekte und Größenvorteile

Fusionen können die betriebswirtschaftliche Effizienz erhöhen. Potenziale zur Nutzung von Synergieeffekten lassen sich in folgende Kategorien einteilen:

☐ Erstens können durch die Zusammenlegung von zuvor getrennten Funktionen oder Abteilungen Kosteneinsparungen realisiert werden (operationelle Synergien). Gleichartige Funktionen beider Unternehmen können in der neuen Unternehmung zusammengefasst werden, wodurch bei gleicher Leistung Produktionsfaktoren eingespart werden (sinkende Gemeinkosten).

☐ Zweitens können Massenproduktionseffekte zu Kostenersparnissen führen (produktionswirtschaftliche Synergien). Wenn

---

[19] Vgl. für allgemeine Übersichten *Trautwein* (1990), *Rühli/Schettler* (1999) und *Jansen* (2001).

durch eine Fusion eine Annäherung der Unternehmensgröße an die mindestoptimale technische Betriebsgröße erreicht wird, können fixe Gesamtkosten auf eine höhere Stückzahl verteilt werden, was zu sinkenden Fixkosten je Einheit führt (Fixkostendegression). Dies betrifft beispielsweise auch die bessere Kapazitätsauslastung von Produktionsmitteln, die Möglichkeit einer zentralisierten Lager- und Reservehaltung oder Losgrößenersparnisse. Zudem ermöglicht eine fusionsbedingte Vergrößerung des Unternehmens eine vertiefte innerbetriebliche Arbeitsteilung mit Spezialisierungsvorteilen. Darüber hinaus können möglicherweise günstigere Beschaffungspreise realisiert werden.[20]

☐ Drittens können die Finanzierungskosten sinken, indem der Zugang zu Kapitalmärkten vereinfacht wird (finanzwirtschaftliche Synergien). Die Finanzierung über internationale Kapitalmärkte und Börsen erfordert beispielsweise eine gewisse Mindestgröße des Unternehmens. Steigende Unternehmensgrößen können zudem die Attraktivität für potenzielle Anleger erhöhen, beispielsweise durch die Aufnahme in Gruppen von so genannten Standardwerten (Dax oder Dow Jones). Aber auch die Verhandlungsposition gegenüber Banken bezüglich der Fremdkapitalkonditionen verbessert sich.

☐ Viertens können die Administrations- und Managementfähigkeiten steigen, wenn das übernommene Unternehmen durch ein ineffizientes Management in die Position eines Übernahmekandidaten geraten ist und durch das überlegene Management des erfolgreicheren Unternehmens substituiert wird (administrative Synergien).

☐ Fünftens können (technologisch und finanziell) aufwendige Innovationen besser realisiert werden (Forschungs- und Ent-

---

[20] Allerdings ist hier der Übergang zu Marktmachteffekten fließend, da die Mengenrabatte auch das Resultat einer größeren Verhandlungsmacht sein können. Zum Problem der Entstehung von Nachfragemacht durch Unternehmenszusammenschlüsse vgl. *Kerber* (1989).

wicklungs-Synergien). So erfordert beispielsweise die Entwicklung eines neuen Großraumverkehrsflugzeuges eine erhebliche Vorfinanzierung, die erst ab einer bestimmten Unternehmensgröße realisierbar ist. Ähnliches gilt, wenn die Markteinführung von Produkten mit erheblichen Kosten verbunden ist, wie beispielsweise bei neuen Medikamenten und neuen medizinischen Geräten auf Grund der umfangreichen Vorschriften über Test- und Versuchsreihen.

In den Begründungen für eine Fusion werden oftmals massive Effizienzvorteile behauptet. Für die Fusion Daimler/Chrysler beispielsweise wurden im Verschmelzungsbericht Synergiepotenziale von insgesamt 2,5 Milliarden DM für das erste Jahr und von knapp 6,4 Milliarden DM für die Zeit ab 2001 genannt. Dies beinhaltet unter anderem Kosteneinsparungspotenziale im Einkauf von insgesamt etwa 3,6 Milliarden DM oder rund 2,5 Prozent, für den Posten „Gesamtintegration und Finanzdienstleistungen" von knapp 1,3 Milliarden DM und in den Bereichen Vertriebsstruktur sowie Forschung und Entwicklung von jeweils gut einer Milliarde DM. Hinzu kommen nichtquantifizierte Synergiepotenziale bei der Erschließung und Durchdringung neuer Märkte und solcher Märkte, auf denen beide Partner bisher unterrepräsentiert sind (vor allem der asiatische Automarkt).[21]

Es ist freilich zu betonen, dass durch eine Fusion lediglich Synergiepotenziale geschaffen werden. Inwiefern es gelingt, sie gewinnbringend zu nutzen, ist offen. So zeigen empirische Untersuchungen, dass der einzelwirtschaftliche Erfolg von Fusionen im Sinne einer Effizienzsteigerung insgesamt zweifelhaft ist[22]

---

21 Vgl. *Berg/Rott* (1999).

22 Vgl. *Ravenscraft/Scherer* (1987), *Scherer/Ross* (1990), *Mueller* (1996), *Röller/Stennek/Verboven* (2000), Seiten 35-55, *Wenger* (2000) und *Jensen* (2001), Seiten 240 ff. In den genannten Quellen werden auch die methodischen Probleme solcher Studien und die große Heterogenität ihrer Ergebnisse diskutiert.

Dies gilt umso mehr, je größer das Fusionsvorhaben ist: Während sich immerhin noch in 50 bis 60 Prozent der Fusionen der neue Konzern hinsichtlich seiner Profitabilität besser als der Branchendurchschnitt entwickelt, verschlechtert sich der Anteil der effizienzsteigernden Fusionen, je größer die Gesamtfusion und je größer das übernommene Unternehmen in Relation zum Aufkäufer ist.

Für Megafusionen gilt, dass deutlich weniger als die Hälfte die erhofften Synergieeffekte erbringen. Bis zu 70 Prozent der realisierten Großfusionen führen gar zu einer Verschlechterung der betriebswirtschaftlichen Effizienz, und nicht wenige werden nach einigen Jahren durch den Verkauf eines der Unternehmen oder von großen Unternehmensteilen wieder aufgelöst. Vor diesem Hintergrund kann es somit nicht überraschen, dass DaimlerChrysler die oben genannten Synergiepotenziale bisher nicht realisieren konnte. Stattdessen hat sich die Pkw-Sparte von Chrysler – die vor der Fusion als profitabelste der gesamten Branche galt – zunächst einmal zu einem milliardenschweren Sanierungsfall entwickelt. Hohe finanzielle Aufwendungen zu Sanierungszwecken statt spürbare Effizienzgewinne kennzeichnen auch das Bild bei der 34-Prozent-Tochter Mitsubishi Motors und bei der US-Nutzfahrzeugtochter Freightliner. Und auch AOL Time Warner ist nach der Fusion in finanzielle und wirtschaftliche Schwierigkeiten geraten, die insbesondere die Online-Tochter AOL betreffen.[23]

Für die oftmals unterdurchschnittliche Profitabilitätsentwicklung infolge von Megafusionen gibt es verschiedene Gründe. Zum einen werden im Vorfeld einer Fusion die Synergiepotenziale oft überschätzt. Verbesserte Profitchancen durch einzelwirtschaftliche Effizienzsteigerungen erhöhen die Zustimmung unter den Aktionären und verbessern die Beurteilung ei-

---

23 Nach einer Meldung von Financial Times Deutschland Online (www.ftd.de) vom 15.02.2003 wird in führenden Unternehmenskreisen sogar erwogen, AOL aus dem Konzernnamen zu streichen.

nes geplanten Fusionsvorhabens durch die Analysten, was sich in einer positiven Kursentwicklung an den Aktienbörsen niederschlagen kann. Darüber hinaus sind hohe potenzielle Effizienzgewinne hilfreich bei der Zerstreuung eventueller Bedenken der Wettbewerbsbehörden und Ängste bei Politikern, Arbeitnehmern, Geschäftspartnern und Kunden. Darüber hinaus spielen Eigeninteressen der Manager, aber auch der Fusionsberater sowie kognitiv-psychologische Faktoren wie allgemeine Fusionseuphorien eine nicht unerhebliche Rolle.

Zum anderen besteht die Möglichkeit, dass theoretisch vorhandene Synergiepotenziale in der unternehmerischen Praxis nicht ausgeschöpft werden können. Wenn die tatsächlichen Kosten in einem Unternehmen die theoretisch notwendigen übersteigen, so liegen so genannte X-Ineffizienzen vor.[24] Großfusionen sind aus mehreren Gründen besonders anfällig für das Auftreten von X-Ineffizienzen. Durch zunehmende Bürokratisierung bei ansteigender absoluter Unternehmensgröße entstehen zusätzliche Kosten durch die Verlangsamung von Abläufen und der damit verbundenen Demotivierung von Mitarbeitern (Dis-Economies of Scope). Insbesondere sehr große Unternehmen büßen so Flexibilität ein. Bei Megafusionen, die innerhalb kürzester Zeit eine drastische Vergrößerung der Unternehmen bewirken, kommen Integrationskosten hinzu. Insbesondere bei internationalen Megafusionen können die Unternehmenskulturen der fusionierenden Einheiten unterschiedlich und möglicherweise unvereinbar sein. Die auftretenden Integrationsprobleme erzeugen mitunter hohe Reibungsverluste, welche die X-Ineffizienzen verstärken. Dementsprechend kommt dem Post Merger-Management eine wesentliche Rolle dabei zu, Integrationsprobleme zu reduzieren und die Ausschöpfung von Synergiepotenzialen damit erst zu ermöglichen. Ein mangelhaftes Post

---

24 Vgl. zum Konzept der X-Ineffizienz grundlegend *Leibenstein* (1966, 1992).

Merger-Management kann bestehende X-Ineffizienzen verlängern.[25]

1.2 Konzernrestrukturierung

Der Wandel der dominierenden Unternehmensstrategie von der Diversifizierung in den 1980er Jahren zur Konzentration auf die Kernkompetenzen seit Mitte der 1990er Jahre[26] bedingt eine Reorganisation der Konzernstrukturen, welche neue Fusionsaktivitäten hervorbringt. Konzernteile, die nicht im Bereich der Kernkompetenzen liegen, werden verkauft und stattdessen Unternehmen aus der eigenen Branche akquiriert. Ein Beispiel hierfür stellt der Daimler-Konzern dar, der sich von früher erworbenen branchenfremden Unternehmen wie AEG oder Adtranz wieder getrennt hat und stattdessen eine horizontale Fusion mit Chrysler eingegangen ist. Auch Vodafone treibt nach der Fusion mit Mannesmann den Verkauf der Nicht-Telekommunikationssparten des Mannesmann-Konzerns voran. Der Preussag-Konzern beweist dabei, dass die zukünftigen Kernkompetenzen nicht unbedingt die traditionellen sein müssen: Preussag verkaufte seine ursprünglichen Stammgeschäfte im Stahlsektor sowie in der Sanitär- und Heizungstechnik und stellte stattdessen durch Zukauf einen inzwischen europaweit führenden Tourismuskonzern zusammen (Erwerb von TUI, Hapag-Lloyd, Thomson Travel Group und First Reisebüros; mittelfristig ist eine vollständige Übernahme des französischen Marktführers Nouvelles Frontières geplant).

---

25 Zur Post Merger-Problematik vgl. *Jansen* (2001), Seiten 227 ff. und die dort zitierte Literatur.

26 Vgl. zu den betriebswirtschaftstheoretischen Grundlagen *Prahalad/Hamel* (1990) und allgemein *Jansen* (2001), Seiten 98 ff.

1.3 Markterweiterung und Marktrestrukturierung

Ein weiteres Fusionsmotiv ist die Ausweitung der Unternehmenstätigkeit. Dies kann branchenfremde Märkte betreffen, um eine bessere Risikostreuung zu erzielen und die Abhängigkeit des Unternehmens von einer Branche zu verringern (dominierendes Motiv für konglomerate Fusionen). Durch eine vertikale Integration kann die Abhängigkeit von Zulieferern oder Abnehmern gemildert und die Kontrolle über den gesamten Wertschöpfungsprozess verbessert werden. Dies erscheint insbesondere dann betriebswirtschaftlich lohnend, wenn die Gewinnspannen auf vor- oder nachgelagerten Wertschöpfungsstufen attraktiver sind.

Im Rahmen der Globalisierung hat sich jedoch vor allem die Durchdringung neuer Märkte der eigenen Branche in anderen Ländern zu einem wesentlichen Fusionsmotiv entwickelt (Marktausweitungsfusionen). Der Abbau von Außenhandelsbeschränkungen sowie sinkende Transport- und Informationskosten lassen nationale und regionale Märkte zu internationalen und globalen Märkten zusammenwachsen. Dies geht einher mit einer globalisierungsbedingten Homogenisierung der Konsumnachfrage.[27] Damit wird es für die bisher national und regional agierenden Unternehmen notwendig, sich zu internationalisieren, um die entstehenden Weltmärkte vollständig abzudecken. Diese Tendenz wird durch die Liberalisierung und Deregulierung bisher national abgeschotteter und häufig staatlichmonopolistisch organisierter Märkte verstärkt (beispielsweise Energie, Telekommunikation, Post und Logistik, Verkehr, Kredit- und Versicherungswirtschaft), welche nun in den internationalen Wettbewerb einbezogen werden. Durch den Abbau staatlicher Marktzutrittsschranken geraten die bisherigen, nicht wett-

---

27 Vgl. beispielsweise *Rühli/Schettler* (1999), Seite 197.

bewerblichen und häufig verkrusteten Strukturen unter starken Anpassungsdruck. Sowohl die Eroberung ausländischer Märkte als auch die notwendige Restrukturierung bisher administrativ kontrollierter Märkte ist durch externes Wachstum oftmals schneller und zu geringeren Kosten zu bewerkstelligen als durch internes Wachstum.[28] Der Aufbau eigener Vertriebsstrukturen, Markennamen, Zulieferer- und Kundenbeziehungen, Versorgungs- und Behördenzugänge oder Patente ist erheblich aufwendiger als die Übernahme bereits existierender Marktpositionen durch eine Fusion mit einem auf dem Zielmarkt einheimischen Unternehmen, welches zudem auch über das notwendige kulturelle und juristisch-institutionelle Know-How des fremden Landes verfügt.

1.4 Eigeninteressen und psychologische Effekte

Die Personen, die die Entscheidung über eine Fusion treffen, können ein persönliches Interesse an einer Fusion haben, das über Effizienzverbesserungen hinausgeht. Unterstellt man, dass Manager, Aktionäre und Berater die Maximierung ihres privaten Nutzens (beispielsweise Einkommen oder Karrierechancen) betreiben, so können Eigeninteressen der Beteiligten betriebswirtschaftliche Effizienzüberlegungen überlagern. Dabei muss man differenzieren:[29]

☐ Aktionäre profitieren von Fusionen vor allem durch steigende Aktienkurse. Dies ist langfristig nur der Fall, wenn die Fusion zu besserer Wirtschaftlichkeit der beteiligten Unternehmen führt. In der kurzen Frist kann dies jedoch auch anders aussehen: Oftmals bewirkt bereits die Ankündigung einer Fusion star-

---

28 Vgl. *Safarian* (1997), *Weizsäcker* (1998), *Wolf* (1999) und *Kleinert/Klodt* (2000).

29 Vgl. ergänzend *Wenger* (1999, 2000).

ke Kursgewinne, und das Übernahmeangebot an die Aktionäre der übernommenen Unternehmung liegt gerade bei Megafusionen nicht selten noch über dem aktuellen Marktpreis. Wenn die Aktionäre nicht vorhaben, die Beteiligung dauerhaft zu halten, können sie somit auch bei mittelfristig unsicheren Erfolgsaussichten einer Fusion zustimmen. Begünstigt wird eine solche kurzfristige Gewinnmaximierung durch eine unsichere oder von Stimmungen geprägte Informationslage und durch asymmetrische Informationen, beispielsweise zwischen institutionellen Anlegern und Kleinaktionären. Darüber hinaus können Fusionen Extraprofite für die Aktionäre erbringen, wenn die im Fusionsprozess auftretenden Verunsicherungen über mögliche Arbeitsplatzverluste und die zukünftigen Unternehmensstandorte zu einer Verschlechterung der Arbeitsbedingungen und einer Vergrößerung von Standortsubventionen genutzt werden.

❑ Geschäftsleitung und Management können ein Eigeninteresse an Fusionen haben, wenn ihr Einkommen mit der Unternehmensgröße korreliert ist (beispielsweise Umsatz, absolute Gewinngrößen, Gesamtwert des Konzerns[30]) oder entsprechende Abfindungen für die im Rahmen der Fusion ausscheidenden Topmanager erzielbar werden. Bei internationalen Fusionen kann zudem die Übernahme eines im anderen Land üblichen Entgeltsystems interessant sein. Beispielsweise wurde den Daimler-Managern im Zusammenhang der Daimler/Chrysler-Fusion auch unterstellt, sie wollten vor allem die eigenen Einkommen an die erheblich (bis um das Zehnfache) höheren Gehälter amerikanischer Spitzenmanager anpassen. Allein die fünf führenden Chrysler-Manager konnten im Zuge des Zusammenschlusses Mehreinkünfte von etwa 167 Millionen US-Dollar reali-

---

30 Dies gilt nicht für eine Kopplung an relative Wertgrößen, wie beispielsweise Aktienkurs oder Rentabilität.

sieren.³¹ Darüber hinaus kann eine Steigerung des eigenen Prestiges inklusive der damit verbundenen Verbesserung der Karrierechancen eine Rolle spielen, insbesondere wenn bei internationalen Megafusionen auch ein erhebliches Medieninteresse entsteht (Managerial Empire Building). So konnte beispielsweise *Jürgen Schrempp* durch die Daimler/Chrysler-Fusion seinen Bekanntheitsgrad signifikant steigern, und auch *Chris Gent* und *Klaus Esser* waren vor der Vodafone/Mannesmann-Fusion dem breiten Publikum unbekannt.

☐ Die Anbahnung und Abwicklung von Fusionen stellt mittlerweile eine eigene Branche mit einem Jahresumsatz von mehreren Milliarden US-Dollar dar. Die Gewinner sind hier insbesondere Unternehmensberatungen, Banken, Anwaltskanzleien und Wirtschaftsprüfungsgesellschaften, da vor allem internationale Megafusionen mit einem erheblichen rechtlichen und finanztechnischen Aufwand verbunden sind. Banken organisieren unter anderem den Aktientausch beziehungsweise die Neuemission von Wertpapieren. Gleichzeitig besitzen sie – vor allem in Deutschland – als Großgläubiger und Großaktionäre (als Stimmrechtsvertreter vieler Kleinanleger im Zuge des Depotstimmrechts) einen nicht unerheblichen Einfluss auf die Fusionsentscheidung. Unternehmensberater werden als Experten häufig im Vorfeld geplanter Fusionen konsultiert und haben somit ebenfalls einen nicht unerheblichen indirekten Einfluss auf die Fusionsentscheidung. Sie können von einer Entscheidung für die Fusion wiederum profitieren, wenn sie nach vollzogener Fusion für die Integration der bisherigen Unternehmen in den neuen Konzern benötigt werden (Post Merger-Management).

---

31 Hinzu kommen großzügige Abfindungsregelungen für den Fall eines Ausscheidens in den ersten Jahren nach der Fusion, beispielsweise für Chrysler-Chef *Eaton* in Höhe von 24,4 Millionen US-Dollar, sowie der umtauschbedingte Wertzuwachs (etwa 1/3) der im Eigentum der Manager befindlichen Chrysler-Aktien. Vgl. *Berg/Rott* (1999), Seite 147.

Ebenso wie die beteiligten Rechtsanwälte und Wirtschaftsprüfer können Unternehmensberater bei einem mittelfristigen Scheitern der Fusion erneut profitieren – im Zuge einer dann notwendigen Entflechtung.

Im Zusammenhang mit den Eigeninteressen, der oftmals unsicheren Informationslage und der Ungewissheit über zukünftige Entwicklungen kann eine Fusion in einer Branche weitere Fusionen nach sich ziehen. Selbstverstärkende Effekte resultieren hier aus massenpsychologischen Einflüssen und kognitiven Prozessen. Es entstehen – auch durch den Einfluss der Wirtschaftspresse – Stimmungen, die rationale Einzelfallabwägungen durch die Entscheider überlagern können.[32] Eine allgemeine Fusionseuphorie kann beispielsweise über den Herdentriebeffekt zu einer subjektiv positiveren Einschätzung von Fusionen führen als die Analyse der fundamentalen Fakten: „Zweckgerichtetes, rationales Verhalten bei beschränkter Einsicht in die Wirkungszusammenhänge neigt stets dazu, für vernünftig zu halten, was andere auch für vernünftig halten."[33]

1.5 Monopolisierung und Marktmacht

Fusionen können aber auch eine Strategie zur Minderung des Wettbewerbsdrucks sein. Durch die Übernahme von Konkurrenten wird die Anzahl rivalisierender Unternehmen vermindert. Dies kann zur Entstehung marktmächtiger Positionen führen, die erhöhte Preissetzungsspielräume zur Abschöpfung von Monopolgewinnen eröffnen. Marktmacht kann es so den jeweiligen

---

[32] Man denke nur an die New Economy-Euphorie und den damit verbundenen Ansturm auf Aktien von Firmen des Neuen Marktes (beispielsweise Infineon, T-Online, Metabox).

[33] *Müller* (1999), Seite 80.

Unternehmen ermöglichen, über höhere Marktpreise steigende Gewinne zu erzielen, ohne die eigene Leistung zu erhöhen.[34]

1.6 Bedeutung der Fusionsmotive und Folgerungen

Über die Bedeutung der diskutierten Motive für tatsächliche Unternehmenszusammenschlüsse gibt es relativ wenig und zudem widersprüchliche Evidenz.[35] Dies hängt damit zusammen, dass die fusionierenden Unternehmen fast ausschließlich auf Effizienzvorteile und Markterweiterung sowie auf notwendige Konzernrestrukturierung verweisen und Monopolisierungsabsichten regelmäßig von sich weisen. Die von den Unternehmen vorgebrachten Motive sind von ihren Interessen bestimmt und im Hinblick auf kartellrechtliche Prüfungen und das Image des neuen Konzerns formuliert. Insgesamt dürften alle aufgeführten Fusionsmotive zu der Welle an internationalen Megafusionen beitragen.

Bezüglich unserer Beispiele können für die Fusion Daimler/Chrysler als dominierende Motive die Marktausweitung und die bessere Durchdringung des Weltmarktes identifiziert werden. Dafür spricht vor allem die hohe geographische Komplementarität des auf Europa konzentrierten Daimler-Konzerns mit der Chrysler Corporation, die sich ganz auf Nordamerika konzentriert hatte. Für Daimler-Benz tritt das Motiv der Konzernrestrukturierung vom konglomeraten, „integrierten Technologiekonzern" zum reinen Global Player im Auto-Sektor hinzu. Allerdings können auch hier die Eigeninteressen der beteiligten Manager nicht ausgeschlossen werden. Anders sieht es bei der Fusion Boeing/MDD aus, bei der beide Partner sowohl geographisch

---

34 Vgl. ergänzend beispielsweise *Scherer/Ross* (1990).
35 Vgl. *Trautwein* (1990).

als auch bezüglich der Produktpalette durch gleiche Schwerpunkte gekennzeichnet sind. Hier dürfte wohl die Verringerung des Wettbewerbsdrucks durch die Schaffung einer dominierenden Marktstellung in der inländischen Flugzeug- und Raumfahrtindustrie in den USA und eines Weltmarktduopols bei großen düsengetriebenen Verkehrsflugzeugen eine nicht unerhebliche Rolle gespielt haben. Wie auch bei der Daimler/Chrysler-Fusion sind zudem erhebliche operationelle Synergiepotenziale verkündet worden. Bei der Fusion von AOL und Time Warner dürfte das Motiv der vertikalen Marktdurchdringung dominiert haben. Aber auch das Ziel, die Märkte für Content Providing und Online-Musik zu dominieren, könnte eine nicht unbedeutende Rolle gespielt haben.

Aus ökonomischer Perspektive sind die faktischen Wirkungen von Fusionen relevant, welche sich naturgemäß nur teilweise mit den (verkündeten) Fusionsmotiven decken. Betriebswirtschaftliche und volkswirtschaftliche Vorteilhaftigkeit einer Fusion können auseinander fallen, müssen aber nicht. So stellt die Ausnutzung von Synergiepotenzialen zunächst einmal einen betriebswirtschaftlichen Effizienzgewinn dar, da Produktionskosten gesenkt werden. Im Wettbewerb werden sich diese Kostensenkungen in niedrigeren Preisen niederschlagen und damit auch bei den Konsumenten positive Wohlfahrtseffekte bewirken. Da Produktionsfaktoren, die durch die höhere betriebswirtschaftliche Effizienz frei werden, anderweitig zur Güterproduktion eingesetzt werden können, verbessert sich insgesamt die volkswirtschaftliche Allokation, so dass betriebswirtschaftliche und volkswirtschaftliche Effizienzgewinne miteinander einhergehen.

Für die Eigeninteressen gilt hingegen, dass sie häufig betriebswirtschaftlich nicht sinnvolle Fusionen begründen. Zu einem Konflikt zwischen betriebs- und volkswirtschaftlichen Wohlfahrtsüberlegungen kommt es, wenn durch Fusionen Marktmacht entsteht. Für die marktmächtigen Betriebe verbessern sich zwar die Gewinnchancen. Da das jedoch zu Lasten anderer Marktteilnehmer (verdrängte Konkurrenten, kleinere Anbieter und vor allem Nachfrager) geht, ergibt sich aus volkswirtschaftlicher Perspektive ein anderes Bild.

2. Stellen horizontale Fusionen eine Gefahr für den Wettbewerb dar?

2.1 Fusionen und Unternehmenskonzentration

Durch Unternehmenskonzentration verringert sich die Anzahl der Wettbewerber, und die Verteilung der Marktanteile ändert sich. In Deutschland berichtet die Monopolkommission alle zwei Jahre über die Entwicklung der Unternehmenskonzentration.[36]

Fusionen stellen aber nur eine Möglichkeit der Veränderung der Unternehmenskonzentration dar, andere Möglichkeiten sind internes Unternehmenswachstum, Markteintritte und Marktaustritte. Die Unternehmenskonzentration kann jedoch auch durch steuerrechtliche Regelungen oder staatliche Hilfen bei der Gründung von Unternehmen verändert werden. Die Wettbewerbspolitik setzt bei der Kontrolle der Unternehmenskonzentration vor allem an der Kontrolle von Fusionen an.

Für die Beurteilung von Fusionen ist zwischen verschiedenen Arten von Zusammenschlüssen zu unterscheiden. Bisher wurden nur horizontale Fusionen betrachtet, das heißt, dass Zusammenschlüsse zwischen direkten Wettbewerbern stattfinden. Die Zusammenschlüsse Daimler/Chrysler und Boeing/McDon-

---

[36] In diesen Hauptgutachten finden sich umfangreiche Statistiken über die Unternehmenskonzentration in den einzelnen Wirtschaftszweigen; vgl. beispielsweise *Monopolkommission* (2000). Für einen kurzen Überblick über verschiedene Konzentrationsmaße und den nachfolgend dargestellten Arten von Zusammenschlüssen vgl. *Schmidt* (2001), Seiten 134 ff.

nell Douglas waren solche horizontalen Fusionen, weil beide Unternehmen die gleichen Produkte herstellen.

Es können sich aber auch Unternehmen aufeinander folgender Wirtschaftsstufen zusammenschließen. Beispielsweise kann ein Produktionsunternehmen einen Zulieferer aufkaufen und damit vertikal auf einen vorgelagerten Markt integrieren. Eine andere Möglichkeit besteht darin, dass dieses Produktionsunternehmen ein Handelsunternehmen kauft und damit eine vertikale Integration in einen nachgelagerten Markt durchführt. Bei vertikalen Zusammenschlüssen kontrolliert das fusionierte Unternehmen einen größeren Teil der gesamten Wertschöpfungskette. Insofern ist der Zusammenschluss AOL/Time Warner vor allem als ein vertikaler Zusammenschluss anzusehen, da das Hauptgeschäft von AOL aus dem Content Providing besteht und Time Warner wiederum über die hierfür notwendigen Inhalte (Musik- und Filmrechte) verfügt.

Fusionieren Unternehmen, die weder in einer direkten Konkurrenzbeziehung zueinander stehen noch in Verkäufer/Käufer-Beziehungen, so spricht man von konglomeraten Zusammenschlüssen. So hatte beispielsweise Daimler-Benz in der Vergangenheit mit dem Erwerb und der Zusammenführung mehrerer Luft- und Raumfahrtgesellschaften (u.a. MBB und Dornier) unter dem Dach der DASA in einen Bereich diversifiziert, der in keiner Beziehung zur Automobilherstellung steht.[37]

Je nach Art der Fusion ist der Wettbewerb aus unterschiedlichen Richtungen bedroht. Horizontale, vertikale und konglomerate Fusionen sind daher unterschiedlich zu beurteilen.

---

37 Aus der Unterscheidung in horizontale, vertikale und konglomerate Fusionen folgt dann wiederum die Differenzierung in horizontale, vertikale und konglomerate Unternehmenskonzentration.

2.2 Entstehung und Ausnutzung von Marktmacht

2.2.1 Allgemeine Darstellung

Marktmacht durch hohe Unternehmenskonzentration kann somit insbesondere eine Folge horizontaler Fusionen darstellen, bei denen der Wettbewerb zwischen den vorher unabhängigen Unternehmen direkt beseitigt wird und auf diese Weise in kurzer Zeit massive und sprunghafte Marktanteilszuwächse realisiert werden können. Daher gilt diese Art der Entstehung von Marktmacht aus wettbewerbspolitischer Sicht als besonders kritisch.

Die möglichen Wohlfahrtsgefahren, die aus der Ausnutzung von Marktmacht resultieren, lassen sich exemplarisch herleiten, wenn man sich vorstellt, eine horizontale Fusion verringere die Zahl der konkurrierenden Unternehmen in einem Markt derart, dass ein Monopol entsteht. Der Monopolist kann nun seinen Gewinn maximieren, indem er einen höheren Preis am Markt durchsetzt, als dies bei Wettbewerb der Fall wäre. Seine Gewinnsteigerung geht allerdings zu Lasten der Nachfrager, die nun einen höheren Preis zahlen müssen. Zudem sinkt die am Markt verfügbare Gütermenge, da die Konsumenten das nun teurere Produkt in geringerer Menge nachfragen.[38] Die ökonomische Theorie zeigt, dass die Wohlfahrtsverluste der Nachfrageseite die

---

38 Diesen Mengenrückgang infolge einer Preiserhöhung muss der Monopolist selbstverständlich einkalkulieren. Er kann daher den Monopolpreis nicht beliebig über dem Wettbewerbspreis festlegen. Die ökonomische Theorie zeigt aber, dass eine gewisse Preiserhöhung trotz des folgenden Mengenrückganges den Gewinn des Monopolisten steigert. Dies gilt bis zum so genannten *Cournot*schen Punkt, über den hinaus weitere Preissteigerungen den Gewinn des Monopolisten auf Grund des folgenden Absatzrückganges schmälern. Vgl. für einführende Diskussionen: *Cabral* (2000), Seiten 69 ff., 101 ff.; *Kerber/Budzinski* (2001).

Wohlfahrtsgewinne der marktmächtigen Unternehmen übersteigen und somit insgesamt ein volkswirtschaftlicher Wohlfahrtsverlust entsteht. Diese allokative Ineffizienz verzerrt die Produktionsstruktur der Volkswirtschaft so, dass insgesamt weniger Güter produziert werden können als bei stärker wettbewerblichen Marktstrukturen.

Nun sind reine Monopole in Marktwirtschaften eher selten anzutreffen. Häufiger kommt es zu Oligopolsituationen, in denen ein Anbieter den weitaus größten Teil des Marktes beherrscht und die verbleibende Konkurrenz aus sehr viel kleineren Unternehmen besteht, welche zudem möglicherweise nur noch in Randbereichen des Marktes tätig sind oder in indirekter Abhängigkeit zu dem dominanten Anbieter stehen. Marktmacht kann auch in Oligopolen entstehen, die aus wenigen, in etwa gleich großen Anbietern bestehen, welche den Markt gemeinsam beherrschen und sich miteinander arrangieren. Die Wirkungen sind in allen Fällen dem Monopolfall ähnlich, wenn sie auch in abgeschwächter Form auftreten.

Die Marktmacht von dominierenden Unternehmen ist umso stärker, je größer die Abhängigkeit der Konsumenten vom (monopolisierten) Angebot ist. Wenn ein Ausweichen auf Konkurrenten für die Konsumenten praktisch nicht mehr in Betracht kommt, verbleibt als kritische Größe für den Umfang des Preisspielraumes eines dominierenden Anbieters die Frage, ob die Konsumenten auf andere Produkte ausweichen können, also über Substitutionsmöglichkeiten verfügen. Je geringer diese Substitutionsmöglichkeiten sind (niedrige Substitutionselastizitäten), desto stärker kann Marktmacht zur Erhöhung der Preise ausgenutzt werden.

Weitere Nachteile, die aus marktmächtigen Positionen resultieren können, liegen in einer Verringerung der Innovationstätigkeit und der Produktvielfalt. Marktmächtige Unternehmen sind möglicherweise nicht mehr gezwungen, durch Verbesserungen des Produktes, Entwicklung neuer Produkte und Technologien sowie durch eine Erhöhung der Produktionseffizienz

(Kostensenkungen) die Konsumenten durch Leistung zu überzeugen und dadurch ihre Marktposition zu sichern oder zu verbessern. Die Verringerung der Wettbewerbsintensität durch die hohe Unternehmenskonzentration befreit die marktmächtigen Anbieter vom Druck, ihr Angebot den Wünschen und Präferenzen der Nachfrager anpassen zu müssen.

Zudem kann Marktmacht dazu verwendet werden, die dominierende Marktstellung abzusichern und weiter auszubauen. So kann der verbliebenen Konkurrenz unter Umständen der Zugang zu Zulieferern und Abnehmern erschwert oder verteuert werden. Ein marktmächtiges Unternehmen hat hierbei in der Regel schon auf Grund der Mengeneffekte die Möglichkeit, Kostenvorteile bei Vorprodukten zu realisieren, oder kann über die Durchsetzung von (technologischen) Standards den verbliebenen kleinen Konkurrenten das Leben schwer machen. Über berühmte Marken und ein entsprechend kostenintensives Marketing, das sich die kleineren Marktteilnehmer nicht leisten können, kann zudem die Kundenbindung an den dominierenden Anbieter erhöht werden. Eine Absicherung der marktmächtigen Position kann über das Errichten von Markteintrittsbarrieren erfolgen. Das Beispiel Microsoft verdeutlicht beispielhaft, wie solche Zutrittsbeschränkungs- und Verdrängungsstrategien in der wettbewerblichen Realität aussehen können. Die selbstverstärkenden Effekte von Marktmacht (Erleichterung der Verdrängung verbleibender Konkurrenten, Absicherung der Marktmacht durch Marktzutrittsschranken) verdeutlichen zudem die Gefahr, dass sich marktmächtige Positionen im Zeitablauf verfestigen und damit Wettbewerb nachhaltig ausgeschaltet wird.

Die Wettbewerbsgefahren, die aus der Entstehung und Ausnutzung von Marktmacht resultieren, hat vor allem die Harvard Schule betont. Im Konzept des funktionsfähigen Wettbewerbs (Workable Competition) wird betont, dass durch steigende Unternehmenskonzentration und die damit entstehende Marktmacht die positiven Wohlfahrtswirkungen des Wettbewerbs gefährdet werden. Als zentraler wettbewerbstheoretischer Zusammenhang gilt dabei der Marktstruktur-Marktverhaltens-Marktergebnis-Ansatz (Structure-Conduct-Performance, SCP): Die Marktstruktur prägt das Verhalten der Marktteilnehmer und darüber mittelbar das Marktergebnis. Eine hoch konzentrierte Marktstruktur mit nur wenigen Unternehmen ermöglicht marktmächtige Positionen und führt darüber zu wettbewerbsgefährdenden und wettbewerbswidrigen Verhaltensweisen, die dann ein Marktergebnis hervorbringen, welches eine Schädigung der Marktgegenseite, meist der Konsumenten, bewirkt. Dementsprechend kommt innerhalb der wettbewerbspolitischen Auffassung der Harvard Schule der Beeinflussung der Marktstruktur eine überragende Bedeutung zur Aufrechterhaltung eines funktionsfähigen Wettbewerbs zu. Damit verbunden ist die Befürwortung einer aktiven und restriktiven Fusionskontrolle, da der mit Unternehmenszusammenschlüssen verbundenen Marktanteilsaddition ein hohes Potenzial zur Entstehung von Marktmacht zugemessen wird (Marktmachtdoktrin).[39]

Allerdings stellen hohe Marktanteile zwar einen wichtigen Aspekt bei der Diagnose von Marktmacht dar, eine reine Betrachtung von Marktanteilen reicht aber keinesfalls zur Beurteilung von wettbewerbsgefährdenden Marktstrukturen aus. Selbst relativ hohe Marktanteile von fusionierten Unternehmen führen unter Umständen nicht zu wettbewerbswidrigen Verhaltensweisen, wenn beispielsweise enge Substitute existieren, die Nachfrager also leicht auf andere Güter ausweichen können, die eine ähnliche Funktion erfüllen. Das Gleiche gilt, wenn keine Markteintrittsbarrieren den jeweiligen Markt schützen, so dass das marktanteilsmäßig dominierende Unternehmen jederzeit mit dem Auftreten neuer Konkurrenten (Neugründungen oder auch vergleichbare Unternehmen aus dem Ausland oder aus

---

39 Vgl. zur Harvard Schule *Scherer/Ross* (1990) und mit kritischer Distanz *Mantzavinos* (1994), Seiten 26 ff. Wichtige Originalquellen sind *Clark* (1940) und *Bain* (1956).

anderen Branchen) rechnen muss, wenn es Preise erhöht oder Innovationen vernachlässigt (potenzieller Wettbewerb).

Damit wettbewerbsgefährdende Marktmacht entstehen kann, müssen demnach eine Reihe von Bedingungen erfüllt sein, was die Identifizierung eines direkten und einfachen Zusammenhangs zwischen Marktstruktur und Marktverhalten erschwert. Dementsprechend muss auch der Versuch der Harvard Schule, mit Hilfe der empirisch-quantitativen Methoden der traditionellen Industrieökonomik optimale Marktstrukturen zu identifizieren, als gescheitert bezeichnet werden. Die insgesamt uneinheitlichen und teilweise widersprüchlichen Ergebnisse der empirischen Industrieökonomik lassen somit keinen Schluss auf eine optimale Unternehmenskonzentration zu und können daher der Wettbewerbspolitik keinen verlässlichen Referenzmaßstab für die Beurteilung konkreter Fusionsvorhaben liefern.[40]

Dennoch hat das Konzept des funktionsfähigen Wettbewerbs Eingang in viele Wettbewerbsgesetze gefunden und stellt nach wie vor eine wichtige Basis für die praktische Wettbewerbspolitik dar. Eine daraus abgeleitete aktive und restriktive Fusionskontrolle wurde beispielsweise in den 1960er Jahren in den USA praktiziert. Aber auch im Zuge der gegenwärtigen Welle an internationalen Megafusionen wird wachsender Marktmacht eine erhebliche Bedeutung beigemessen.[41]

---

[40] Vgl. zu dieser Diskussion: *Schmalensee* (1989); *Scherer/Ross* (1990); *Martin* (1993), Seiten 447 ff.; *Ferguson/Ferguson* (1994), Seiten 83 ff.; *Neumann* (2000), Seiten 91 ff.

[41] Vgl. beispielsweise *Ordover/Saloner* (1989), Seiten 547 f.; *Gundlach* et al. (1995), Seiten 23 ff.; *Khemani/Waverman* (1997), Seiten 134 f.

2.2.2 Ein Beispiel: Die Vorwürfe gegen Microsoft

Die Microsoft Corporation mit Hauptsitz in Redmond, Washington, nimmt eine dominante Position auf dem Weltmarkt für PC-Betriebssysteme ein. Für MS-DOS und MS-Windows besitzt sie einen Marktanteil von etwa 95 Prozent. Diese marktbeherrschende Stellung hat sich Microsoft nach gängiger Auffassung nicht durch wettbewerbswidrige Verhaltensweisen, sondern durch richtungsweisende Entscheidungen zum richtigen Zeitpunkt erarbeitet. Microsoft erkannte im Gegensatz zu weiten Teilen der Branche bereits frühzeitig, welches Potenzial der Markt für Personalcomputer (PC) bietet, und entwickelte die Betriebssoftware MS-DOS (das auf dem 1980 zugekauften Q-DOS basiert), welche eine vergleichsweise anwenderfreundliche Bedienung des PCs ermöglichte und damit zur Ausschöpfung des Wachstumspotenzials des PC-Marktes beitrug.

Doch die beherrschende Stellung auf dem Markt für Betriebssysteme hat einen großen Einfluss auf den Markt für PC-Anwendungssoftware (Textverarbeitung, Tabellenkalkulation, Datenverarbeitung, Spiele, usw.), da diese mit dem Betriebssystem kompatibel sein müssen und die dazu notwendigen Informationen (Quellcode) ausschließlich vom Betriebssystemhersteller zur Verfügung gestellt werden können. Das legitime Eigentumsrecht von Microsoft an dem selbst entwickelten Betriebssystem kann demnach zu einer Marktzutrittsbarriere für den Markt für Anwendungsprogramme werden. Dementsprechend stellt der diskriminierungsfreie Zugang zu dem Betriebssystemquellcode ein Wettbewerbsproblem dar, seit Microsoft in den 1980er Jahren vor allem mit den Produkten MS-Word, MS-Excel und MS-Access in den Anwendungssoftwaremarkt eingestiegen ist. Microsoft ist seither mindestens theoretisch in der Lage, seine marktbeherrschende Stellung auf dem Markt für Betriebssysteme dazu zu nutzen, Konkurrenten vom Markt für Anwendungssoftware zu verdrängen, um auch hier eine dominante Position zu erlangen.

Am 18. Mai 1998 erhoben das US-Department of Justice und Vertreter von 19 US-amerikanischen Bundesstaaten Anklage gegen Microsoft wegen missbräuchlicher Ausnutzung von Marktmacht und Monopolisierungsabsicht. Dabei wurde Microsoft vorgeworfen, durch folgende Verhaltensweisen seine leistungsbedingte marktbeherrschende Stellung auf dem Markt für Betriebssysteme zu nutzen, um eine marktmachtbedingte dominante Stellung auf dem Markt für Anwendungssoftware zu erlangen:
☐ Die Anwendungsprogramme von Microsoft sind in besonderer Weise mit dem Microsoft-Betriebssystem verknüpft (untrennbare Vermischung der Softwarecodes) und können darüber eine höhere Bedienerfreundlichkeit als Konkurrenzprodukte erreichen, deren Herstellern Microsoft die vollständige Offenlegung des MS Windows Quellcodes versagt. Darüber hinaus wird Microsoft vorgeworfen, absichtlich Inkompatibilitäten zwischen MS Windows und Anwendungsprogrammen von Microsoft-Konkurrenten zu erzeugen (beispielsweise durch eine „Verschmutzung" der Programmiersprache Java).
☐ Als besonders signifikanter Fall gilt der Vorwurf der versuchten Monopolisierung des Marktes für Internetbrowser. Microsoft stieg erst mit erheblicher Verspätung in den Markt für Internetbrowser und E-Mail-Programme ein. Dennoch gelang es innerhalb von wenigen Jahren, zum Weltmarktführer aufzusteigen. Microsoft liefert seinen Browser MS-Internet Explorer und sein E-Mail-Programm MS Outlook ohne Aufpreis und intensiv verknüpft mit dem Betriebssystem Microsoft Windows aus, welches auf über 90 Prozent aller ausgelieferten neuen PCs als Betriebssystem installiert ist. Dies hat den Effekt, dass die Anwender den MS-Internet Explorer automatisch auf ihrem PC zur Verfügung haben und damit naturgemäß der Anreiz sinkt, zusätzlich ein Konkurrenzprodukt zu erwerben. Hatte der MS-Internet Explorer 1996 auf dem Weltbrowsermarkt gerade drei Prozent Marktanteil (dominanter Weltmarktführer war der Netscape Navigator mit knapp 80 Prozent Marktanteil), so hat sich die Marktsituation fünf Jahre später nahezu umgekehrt.

☐ Wettbewerbswidrige Exklusivverträge mit PC-Herstellern und Anbietern vor- oder nachgelagerter Softwareprodukte dienen zur Verdrängung unliebsamer Konkurrenten. Microsoft knüpfte die Lizenz zur Verwendung von MS-Windows teilweise an die Nicht-Installierung von konkurrierenden Anwendungsprogrammen, auch hier insbesondere des Netscape Navigators. In ähnlicher Weise versucht Microsoft, sein Monopol auf dem Markt für Betriebssysteme aufrechtzuerhalten.

In einem sehr wechselhaften Verfahren durch mehrere Instanzen wurde Microsoft schließlich weitgehend für schuldig befunden. Insbesondere kontrovers war jedoch die Beurteilung der Schwere der Wettbewerbsverzerrung und damit die Höhe der Strafen[42].

2.3 Effizienzvorteile und ihre Realisierbarkeit

Fusionierende Unternehmen betonen regelmäßig die entstehenden Synergieeffekte, die betriebswirtschaftlich zu größerer Effizienz und Produktivität führen sollen. Das hat aber auch eine volkswirtschaftliche Dimension: Die frei werdenden Produktionsfaktoren können in anderen Bereichen der Volkswirtschaft produktiv eingesetzt werden und ermöglichen damit über ein höheres Sozialprodukt positive Wohlfahrtseffekte. Gesamtwirtschaftliche Effizienzvorteile auf Grund von Unternehmenszusammenschlüssen resultieren aus

☐ positiven Skaleneffekten (Economies of Scale): Bei wachsender Ausbringungsmenge kommt es auf Grund von produktionswirtschaftlichen Synergien zu Kostenersparnissen, das heißt,

---

[42] Siehe zu den verschiedenen Abschnitten des Verfahrens und den jeweils unterschiedlichen juristischen und ökonomischen Bewertungen *Fleischer/Doege* (2000), *Gey* (2001), *Erlei/Siemer* (2002) und *Grimes* (2002). In der Diskussion befanden sich unter anderem die Zerschlagung des Konzerns, Offenlegung des Windows-Quellcodes und Geldstrafen.

pro Ausbringungseinheit werden weniger Produktionsfaktoren benötigt. Diese Effizienzvorteile sind insbesondere bei horizontalen Fusionen realisierbar.

☐ Verbundvorteilen (Economies of Scope): Diese liegen vor, wenn die Kosten der gemeinsamen Produktion zweier unterschiedlicher Güter niedriger sind als die Summe der entsprechenden Kosten bei separater Herstellung. Sie resultieren aus finanzwirtschaftlichen und administrativen, aber auch aus operationellen Synergien, die bei diversifizierten Unternehmen, welche auf verschiedenen Märkten tätig sind, auftreten können. Diese Kostensenkungspotenziale entstehen vornehmlich bei vertikalen und konglomeraten Fusionen.

Die Erkenntnis, dass Fusionen sowohl negative als auch positive volkswirtschaftliche Effekte hervorrufen, macht eine Gegenüberstellung von allokativen Ineffizienzen und Effizienzvorteilen notwendig, um die Wirkungen differenziert zu erfassen. Dies kann wirtschaftstheoretisch durch die Trade Off-Analyse von *Oliver E. Williamson* (1968) abgebildet werden.[43] Demnach steht der allokativen Ineffizienz, die aus der Entstehung von Marktmacht resultiert, ein Effizienzgewinn in Form niedrigerer Produktionskosten gegenüber. Ob ein Unternehmenszusammenschluss gesamtwirtschaftlich vorteilhaft ist, hängt nun davon ab, welcher der beiden Effekte dominiert: Ist die allokative Ineffizienz größer als der betriebswirtschaftliche Effizienzgewinn, so ist der Zusammenschluss aus gesamtwirtschaftlicher Sicht abzulehnen. Werden die negativen Wirkungen der Marktmacht hingegen durch die realisierten Effizienzvorteile überkompensiert, so kann eine Fusion als gesamtwirtschaftlich positiv beurteilt werden.

Die Trade Off-Analyse von *Williamson* verdeutlicht somit das Problem eines prinzipiellen Konfliktes zwischen den Nachteilen, die bei einer Fusion aus der geringeren Wettbewerbsintensität

---

[43] Vgl. für einführende Übersichten: *Kaserman/Mayo* (1995), Seiten 217 ff.; *Kerber/Budzinski* (2001); *Kerber* (2003a).

und damit aus Marktmacht entstehen, und den Effizienzvorteilen eines Zusammenschlusses. Die wettbewerbspolitisch gebotene Abwägung beider Effekte kann allerdings nicht in Form einer allgemeinen Regel erfolgen, sondern bedarf einer einzelfallbezogenen Prüfung. Beispielsweise ist es oftmals schwierig, die tatsächlichen von den behaupteten Effizienzvorteilen einer Fusion zu unterscheiden.

In der wettbewerbstheoretischen und -politischen Diskussion hat vor allem die Chicago Schule[44] immer wieder die aus betriebswirtschaftlichen Effizienzgewinnen von Fusionen resultierenden gesamtwirtschaftlichen Wohlfahrtseffekte betont. Mit ihrer Effizienzdoktrin hat sie sich dabei gezielt in den Gegensatz zur Marktmachtdoktrin der Harvard Schule begeben und in ihrer Kritik an der restriktiven Fusionskontrollpraxis in den USA in den 1960er Jahren die Effizienzvorteile hervorgehoben, die mit wachsenden Unternehmensgrößen verbunden sein können. Dabei wurde vor allem auf die Gefahr verwiesen, dass eine zu restriktive Fusionskontrolle die Entstehung effizienter Unternehmensgrößen verhindert, mit denen steigende Skalenerträge ausgenützt werden können.

Demgegenüber wird dem Marktmachtproblem nur eine begrenzte Bedeutung beigemessen. Den von der Harvard Schule postulierten Marktzutrittsschranken hält die Chicago Schule die disziplinierende Wirkung des potenziellen Wettbewerbs entgegen: Die Gefahr von Marktzutritten neuer Konkurrenten wird regelmäßig als stark genug angesehen, um auch Unternehmen mit sehr hohem Marktanteil von der Ausnutzung von Monopolvorteilen abzuhalten und somit dauerhafte Marktmacht zu verhindern.[45] Vielmehr sei zu betonen, dass ein faktisches Ausbleiben von Marktzutritten vor allem Ausdruck einer höheren Effi-

---

44 Vgl. *Bork* (1978) und *Posner* (1979). Eine kritische Übersicht liefert *Mantzavinos* (1994), Seiten 42 ff.

45 Vgl. hier insbesondere *Demsetz* (1982).

zienz der etablierten Anbieter sei. Zudem weist die Chicago Schule darauf hin, dass oftmals staatliche Marktzutrittsschranken (Beschränkungen des Außenhandels wie beispielsweise Zölle, Monopolprivilegien wie beispielsweise im Energie-, Post- oder Eisenbahnsektor) private Marktmacht absichern oder überhaupt erst ermöglichen. In diesen Fällen ist nicht die Unternehmenskonzentration wettbewerbspolitisch zu bekämpfen, vielmehr ist eine Deregulierung und Öffnung der betroffenen Märkte zu fordern, um die disziplinierende Wirkung potenzieller Konkurrenz wirksam werden zu lassen. Damit kann die Chicago Schule als Wegbereiter der gegenwärtigen Liberalisierungs- und Deregulierungsdebatte betrachtet werden.

Ähnlich argumentiert auch die Theorie der Contestable Markets[46], die betont, dass eine hohe Unternehmenskonzentration dann kein wettbewerbspolitisches Problem darstellt, wenn die Märkte angreifbar sind. Über die Abschaffung staatlicher Marktzutrittsbarrieren hinaus lässt sich hieraus wettbewerbspolitisch das Kriterium der Bestreitbarkeit (Contestability) von Märkten ableiten. Entscheidend hierfür ist die Höhe der bei einem Markteintritt anfallenden versunkenen Kosten (Sunk Costs). Das sind Investitionen (Forschung und Entwicklung, Fabrikanlagen, technologisches Know-How, usw.), die die etablierten Unternehmen auf dem betreffenden Markt bereits getätigt haben und die neu eintretende Unternehmen nachholen müssen, bevor sie konkurrenzfähig sein können. Diese Investitionen sind bei einem späteren Marktaustritt unwiderruflich verloren. In manchen Industrien, beispielsweise auf dem Markt für Großraumverkehrsflugzeuge, können die versunkenen Kosten so hoch sein, dass eine Angreifbarkeit des Marktes faktisch nicht mehr gegeben ist.

Sowohl der ihrer Auffassung nach immer nur temporäre Charakter von Marktmacht als auch die Überzeugung, dass im

---

46 Vgl. *Baumol/Panzar/Willig* (1982).

Wettbewerb nur die effizienten Unternehmensgrößen auf Dauer überleben können (Survivor-Prinzip), haben die Chicago Schule zur wettbewerbspolitischen Forderung nach einer sehr zurückhaltenden Fusionskontrolle geführt. Lediglich bei sehr hoher horizontaler Unternehmenskonzentration sollte die Wettbewerbspolitik eingreifen und ansonsten die Entwicklung der Marktstrukturen dem freien Spiel der Marktkräfte überlassen. Der wachsende Einfluss der Chicago Schule in den USA führte Anfang der 1980er Jahre unter der *Reagan*-Administration zu einer deutlich weniger restriktiven US-amerikanischen Fusionskontrollpraxis.

Insgesamt ist festzuhalten: Die These der Chicago Schule, dass Fusionen in erster Linie effizienzsteigernde Effekte entfalten, ist empirisch nicht generell haltbar. Vielmehr können X-Ineffizienzen die betriebswirtschaftlichen Effizienzvorteile überkompensieren.[47] Ebenso ist die Auffassung der Chicago Schule infrage zu stellen, dass sich auf Märkten nur effiziente Unternehmensgrößen und Verhaltensweisen durchsetzen können. Auch das Argument, dass es faktisch keine privaten Marktzutrittsbarrieren gibt, muss spätestens seit Entwicklung der Theorie strategischer Marktzutrittsschranken als erschüttert angesehen werden.[48] Mit strategischen Marktzutrittsschranken versuchen etablierte Unternehmen, Marktzutritte zu unterbinden. Dies beinhaltet die glaubhafte Androhung und Durchführung von vorübergehenden Niedrigpreisstrategien zur Abschreckung eventueller Markteintritte (Limitpreisstrategie) ebenso wie die bewusste Schaffung von Überkapazitäten, um zusätzliche Nachfrage schneller und unter Umständen kostengünstiger bedienen zu können als potenzielle Konkurrenten (Überkapazitätsstrategie).

---

47 Zur wettbewerbspolitischen Bedeutung von X-Ineffizienzen vgl. *Kaserman/Mayo* (1995), Seiten 478 ff. und 532 ff.

48 Vgl. für einen Überblick *Martin* (1993), Seiten 46 ff. und *Cabral* (2000), Seiten 259 ff.

Ferner können durch eine Schließung von Marktnischen die Marktchancen für neue Produktvarianten verringert und dadurch Marktzutritte, die meist nicht mit der gesamten Produktvariationsbreite erfolgen können, erschwert werden (Produktdifferenzierungsstrategie).

2.4 Innovation und Konzentration

Innovationen und technischer Fortschritt stellen eine der wichtigsten Determinanten des Wirtschaftswachstums dar. Daher ist die Frage von Interesse, inwiefern Unternehmenskonzentration und Fusionen die Entstehung und Ausbreitung von Innovationen beeinflussen. Diese Zusammenhänge sind in der Wirtschaftstheorie lange als so genannte Neo-*Schumpeter*-Hypothesen diskutiert worden. Dabei besagt die Neo-*Schumpeter*-Hypothese I, dass ein positiver Zusammenhang zwischen der Unternehmensgröße und der Innovationsintensität besteht. Die Neo-*Schumpeter*-Hypothese II unterstellt einen positiven Zusammenhang zwischen der Unternehmenskonzentration und Innovationen.

In beiden Fällen zielen die Hypothesen auf die Finanzierbarkeit von Innovationen. Große Unternehmen verfügen über eine größere Finanzkraft und können somit höhere F&E-Aufwendungen realisieren. In hochkonzentrierten Märkten sind nicht nur meist größere Unternehmen tätig, sondern in ihnen ist unter Umständen eine höhere Gewinnspanne erzielbar, die wiederum zur Finanzierung aufwendiger technologischer Entwicklungen dienen kann. Fusionen könnten dann innovationsfördernd wirken, wenn eine bestimmte Mindestunternehmensgröße zur Realisierung der Innovation erforderlich ist. So wurden sowohl die Fusion Boeing/MDD als auch die Fusion Daimler/Chrysler auch damit begründet, dass die Entwicklung neuer Produkte (düsengetriebener Verkehrsflugzeuge, Automobile) in diesen Branchen mittlerweile so aufwendig sei, dass kleinere Unternehmenseinheiten hierzu nicht mehr in der Lage seien. Auch die weltweite Fusionswelle in der Pharmabranche wird überwiegend mit dem Verweis auf die drastisch steigenden Innovationskosten durch die strengen Zulassungs- und Erprobungsvorschriften für Medikamente einerseits und die aufwendigen modernen Technologien (unter anderem Gen- und Biotechnologie) andererseits begründet.

Würden die Neo-*Schumpeter*-Hypothesen sich demnach als richtig erweisen, würde dies zu einem Konflikt zwischen der Förderung des technischen Fortschritts einerseits und der Aufrechterhaltung von Wettbewerb und damit der Bekämpfung von Marktmacht andererseits führen. Tatsächlich hat aber die empirische Forschung über die Determinanten der Innovationstätigkeit gezeigt, dass beide Hypothesen nicht haltbar sind. Es konnten weder bestimmte Unternehmensgrößen noch bestimmte Konzentrationsgrade, bei denen eine besonders hohe Innovationstätigkeit auftritt, klar empirisch nachgewiesen werden. Vielmehr sind die Ursachen für die Intensität von Innovationstätigkeit als sehr vielfältig anzusehen, so dass je nach Branche, den Technologien und anderen Faktoren eher kleine, mittlere oder große Unternehmen eine höhere Innovationsaktivität aufweisen. Mit Sicherheit kann nicht von der Überlegenheit großer Unternehmen mit umfangreichen F&E-Abteilungen ausgegangen werden, vielmehr haben sich oft gerade kleine Unternehmen als besonders innovationsfreudig und flexibel in der Umsetzung neuer Ideen erwiesen. Der scheinbare Konflikt zwischen Marktmacht und Innovation wird so beispielsweise auch dadurch entschärft, dass große, marktmächtige Konzerne zwar über genügend Finanzkraft verfügen, um umfangreiche Innovationen zu realisieren. Stehen sie jedoch nicht mehr unter genügend Wettbewerbsdruck, fehlt ihnen der Anreiz, ihr Innovationspotenzial auch umzusetzen.

Die Einbeziehung dynamischer und evolutorischer Aspekte von Wettbewerbsprozessen (wie sie vor allem auf *Schumpeter* (1911/1952) und *Hayek* (1968) zurückgehen) kann den Zusammenhang von Monopolstellungen und Marktmacht relativieren.

In einem dynamischen Innovationswettbewerb ist es normal, dass durch neue Innovationen immer wieder leistungsbedingte Monopole entstehen. Diese Innovationsmonopole sind jedoch regelmäßig vorübergehender Natur, da andere Unternehmen die Innovationen imitieren und in den Markt eindringen, um an den hier erzielbaren Gewinnen teilzuhaben. Somit wird die dominierende Stellung des Innovators nach einer gewissen Zeit durch Imitatoren wegkonkurriert.

Dies relativiert auch die Bedeutung (vermeintlich) marktmächtiger Positionen: Aus der Sicht eines dynamischen Wettbewerbskonzeptes kommt es nicht darauf an, ob zu einem bestimmten Zeitpunkt marktbeherrschende Positionen bestehen, sondern lediglich darauf, ob diese erstens durch bessere Leistung entstanden sind und zweitens nicht – mangels Imitationsprozessen – zu dauerhaften Marktmachtpositionen werden. Wettbewerbsgefahren resultieren demnach vor allem dann, wenn ursprüngliche Leistungsmonopole durch die gezielte Behinderung tatsächlicher und potenzieller Konkurrenten (Errichtung strategischer Marktschranken, Behinderungswettbewerb) zu reinen Machtmonopolen werden. Die Vorwürfe gegen Microsoft beinhalten einige Elemente, die auf einen solchen Wandel von einem wettbewerbskonformen Leistungsmonopol zu einem wettbewerbswidrigen Machtmonopol hindeuten.

Ein dynamisches Wettbewerbsverständnis unterstützt zudem die Erkenntnisse der empirischen Industrieökonomik, dass Marktstrukturen nicht – wie in der ursprünglichen Vorstellung des Marktstruktur-Marktverhalten-Marktergebnis Paradigmas – exogen gegeben sind, sondern selbst endogenes Ergebnis von dynamischen Marktprozessen sind (Marktstrukturdynamik). Auch insofern ist die im Konzept des funktionsfähigen Wettbewerbs angestrebte Suche nach optimalen Marktstrukturen aus dieser dynamischen Perspektive nur begrenzt sinnvoll. Vielmehr kann davon ausgegangen werden, dass unterschiedliche Marktphasen mit jeweils anderen Marktstrukturen verknüpft sind. Idealtypisch sind in der Entstehungsphase neuer Märkte zunächst sehr wenige Akteure tätig (beispielsweise ein Innovationsmonopol), bevor dann in der Experimentier- und Expansionsphase eine sehr vielfältige Marktstruktur zu beobachten ist (siehe zum Beispiel den Internetboom der späten 1990er Jahre mit zahlreichen Unternehmensgründungen in diesem Bereich). Schließlich treten Konsolidierungs- und Sättigungsphasen auf, in denen die Anzahl der Unternehmen auf dem jeweiligen Markt typischerweise sinkt und sich eine oligopolistische Struktur herausbildet.[49] Allerdings können neue Innovationen die Märkte jederzeit wieder in eine neue Experimentierungs- und Expansionsphase katapultieren.

Die ausdrückliche Berücksichtigung dynamischer Wettbewerbseffekte bedeutet allerdings nicht, dass die Höhe der Unternehmenskonzentration für die Wirksamkeit eines dynamischen Wettbewerbs um Innovationen keine Rolle spielen würde. So könnte eine Verringerung der Anzahl von Unternehmen den wechselseitigen Wettbewerbsdruck verringern, den die Wettbewerber durch kreative Vorstöße, Nachahmung und Überholen aufeinander ausüben. Damit würde der Innovationsanreiz für die Unternehmen stark sinken.

Einen weiteren innovationsgefährdenden Effekt von Fusionen erhält man, wenn man Wettbewerb als evolutorischen Experimentierprozess versteht.[50] Wissen über erfolgreiche Marktchancen entsteht demnach erst dadurch, dass Anbieter neue Produkte im Wettbewerb testen. Durch die Kaufentscheidungen der Nachfrager erfahren die Anbieter, ob sie im Vergleich zur Konkurrenz die Konsumentenpräferenzen besser oder schlechter erfüllt haben, so dass es zu Lernprozessen kommt – sowohl

---

49 Solche Marktphasentheorien gehen vor allem auf *Heuss* (1965) zurück.

50 Dies geht zurück auf das Verständnis des Wettbewerbsprozesses als Entdeckungsverfahren durch *Friedrich August von Hayek* (1968). Die folgende Argumentation beruht auf der Weiterentwicklung dieses Ansatzes durch *Kerber* (1997).

aus der eigenen Erfahrung heraus als auch durch Beobachtung von Erfolg und Misserfolg der Konkurrenten. Im Zeitablauf resultiert eine Anpassung der produzierten Güter an die Wünsche der Nachfrager.

Steigt nun durch Fusionen die Unternehmenskonzentration, so verringert sich die Anzahl der unabhängig voneinander nach Innovationen suchenden Wettbewerber. Da sich dadurch auch die Zahl der unterschiedlichen Problemlösungshypothesen verringert, mit denen am Markt experimentiert wird, kann es somit zu einer Verlangsamung des anbieterseitigen Lernprozesses kommen. Damit verringert sich die Anpassungsgeschwindigkeit der Produkte an die Präferenzen der Nachfrager. Dies würde zum Beispiel bedeuten, dass der Prozess der innovativen Verbesserung von Kraftfahrzeugen schneller vonstatten geht, wenn acht Automobilfirmen nach besseren Lösungen suchen als wenn nur vier Unternehmen neue Modelle entwickeln. In der evolutorischen Innovationsforschung wird deshalb die ständige Produktion von Problemlösungen – die Varietät – als wichtige Voraussetzung für die Funktionsfähigkeit von innovativen Wettbewerbsprozessen angesehen.[51]

Allerdings konnten die Argumente der dynamischen und evolutorischen Wettbewerbstheorie für die konkrete Beurteilung von Fusionsvorhaben bislang nicht genutzt werden.[52] Zwar kann geschlossen werden, dass eine sehr zurückhaltende Fusionskontrolle Gefahr läuft, mittel- bis langfristig innovationsmindernd zu wirken. Jedoch haben sich bisher kaum handhabbare Kriterien ermitteln lassen, wann ein Fusionsvorhaben negative Innovationswirkungen entfalten wird. Insgesamt wird aber verdeutlicht,

---

51 Vgl. hierzu *Röpke* (1977) und *Metcalfe* (1989).

52 Angesichts der hohen Bedeutung innovativer Zukunftsmärkte wird eine stärkere Einbeziehung solcher Aspekte in die Wettbewerbspolitik gegenwärtig verstärkt eingefordert. Vgl. *Audretsch/Baumol/Burke* (2001).

dass sich die Bedingungen für einen erfolgreichen Innovationswettbewerb wesentlich von denen eines gut funktionierenden Preiswettbewerbs unterscheiden können. Es kann sich somit ein Trade Off zwischen der statischen Effizienz (effiziente Allokation) einerseits und der dynamischen Effizienz (Innovationen) andererseits ergeben, welcher die wettbewerbspolitische Beurteilung konkreter Fusionsvorhaben weiter kompliziert und eine differenzierte Vorgehensweise notwendig macht.

3. Besondere Probleme vertikaler und konglomerater Fusionen

Vertikale Fusionen sind mit besonderen wettbewerbspolitischen Problemen behaftet. Auch bei dieser Zusammenschlussart sind prinzipiell alle Fusionsmotive anzutreffen. Bezüglich der erhofften Effizienzvorteile spielt hier jedoch vor allem die Verringerung von Transaktionskosten eine erhebliche Rolle (Transaction-cost Economies).[53] Der eigenen Produktion vor- oder nachgelagerte wirtschaftliche Aktivitäten lassen sich prinzipiell auf zwei verschiedene Arten bereitstellen: Entweder man produziert sie selbst oder überlässt sie anderen Unternehmen (Zulieferer und Abnehmer), mit denen man eine marktliche Beziehung (Verkäufer-Käufer-Relation) eingeht. Entscheidet sich ein Unternehmen beispielsweise, seine Vorprodukte am Markt einzukaufen, entstehen Transaktionskosten, die aus Such- und Informationskosten (geeignete Geschäftspartner) sowie Kosten der Vertragsschließung bestehen und sich aber auch in Ungewissheit und Risiken von Marktbeziehungen (Zuverlässigkeit des Lieferanten, langfristige Stabilität der Konditionen) niederschlagen. Diese Transaktionskosten können durch vertikale Integration verringert werden. Durch die Übernahme eines wichtigen Liefe-

---

53 Vgl. *Williamson* (1985).

ranten oder Abnehmers (zum Beispiel ein Handelsunternehmen) kann ein Unternehmen seine Bezugs- und Absatzwege sichern und damit die gesamte Wertschöpfungskette des entsprechenden Gutes kontrollieren. Allerdings sind genau wie bei horizontalen Fusionen die Effizienzgewinne auf Grund sinkender Transaktionskosten durch X-Ineffizienzen bedroht. Letztlich müssen die Transaktionskosten einer Marktbeziehung mit den erhöhten Organisationskosten einer Integration der betreffenden wirtschaftlichen Aktivität in das eigene Unternehmen abgewogen werden.

Die Wettbewerbsgefahren vertikaler Unternehmenszusammenschlüsse liegen vor allem in der daraus resultierenden Verkettung von vor- und nachgelagerten Märkten. Dies kann bei genügend hoher Marktmacht auf einem der Märkte eine Verdrängungsstrategie auf dem vor- oder nachgelagerten Markt ermöglichen. Es resultiert dann eine Hebelwirkung, die die Übertragung marktmächtiger Positionen auf vor- und nachgelagerte Wirtschaftsstufen hervorrufen kann. In gewisser Weise kann die Wettbewerbsproblematik im Fall Microsoft in diesem Sinne interpretiert werden.

Vertikale Integration kann jedoch nicht nur die Verdrängung auf vor- beziehungsweise nachgelagerten Märkten ermöglichen. Auch auf dem Ursprungsmarkt selbst kann vertikale Konzentration eine Verdrängung von Konkurrenten begünstigen. Dies gilt dann, wenn die Konkurrenten des vertikal integrierten Unternehmens gezwungen sind, weiterhin auf den nun zum Konkurrenzkonzern gehörenden Zulieferer zurückzugreifen beziehungsweise alternative Anbieter auf dem Zuliefererrmarkt ein schlechteres Preis-Leistungs-Verhältnis bieten. Der vertikal integrierte Konzern kann nun Preisdiskriminierung betreiben, indem er die notwendigen Vorprodukte an die Konkurrenz zu einem höheren Preis verkauft als er sie innerbetrieblich verrechnet.[54]

---

[54] *Neumann* (2000, Seite 164) verweist in diesem Zusammenhang auf den *Alcoa*-Fall: *Alcoa* produzierte und verkaufte eine spezielle Alu-

Im Extremfall können die konkurrierenden Unternehmen vollständig von der Nutzung des notwendigen Vorproduktes ausgeschlossen werden, so dass es faktisch zu einer Marktschließung für die (tatsächliche und potenzielle) Konkurrenz kommt.

Darüber hinaus kann vertikale Konzentration das Setzen von Marktzutrittsschranken ermöglichen. Der Markteintritt unabhängiger neuer Konkurrenten wird erschwert, da potenzielle Neueinsteiger parallel auf allen Wirtschaftsstufen, die der vertikal integrierte Konzern beherrscht, auftreten müssten, was wiederum mit einem erhöhten Kapitalbedarf und größeren Anforderungen an das technische Know-How einhergeht und somit abschreckend wirkt. Hat ein vertikal integriertes Unternehmen auf einer strategisch wichtigen Wirtschaftsstufe eine marktmächtige Position, kann es unter Umständen die Funktion eines Gatekeepers ausüben, das heißt, das Unternehmen entscheidet maßgeblich, wer auf den vertikal verketteten Märkten agieren und konkurrieren kann.

Die vertikale Integration ist weniger wettbewerbsgefährdend als die horizontale Konzentration. So bedingen die bisher in diesem Abschnitt diskutierten Strategien wettbewerbsbeschränkender Verhaltensweisen neben der vertikalen Integration auch eine dominierende Marktstellung auf mindestens einer der involvierten Wirtschaftsstufen. Bestimmte Wirtschaftszweige, in denen Netzeffekte eine erhebliche Rolle spielen, sind deutlich anfälliger für Wettbewerbsbeschränkungen auf Grund vertikaler Integration. Hier tritt nämlich das Problem auf, dass auf der Netzebene marktmächtige Positionen oftmals dauerhaft bestehen.

---

miniumlegierung, und seine Konkurrenten in diesem Markt waren zugleich gezwungen, das für die Legierung notwendige Rohaluminium bei *Alcoa* zu beziehen. *Alcoa* setzte nun den Rohaluminiumverkaufspreis sehr knapp unterhalb des Preises fest, zu dem *Alcoa* selbst die Aluminiumlegierung verkaufte, so dass die Konkurrenten auf dem Legierungsmarkt praktisch keine eigenständige, unabhängige Preispolitik betreiben und nicht zu ähnlich niedrigen Preisen wie *Alcoa* anbieten konnten.

Gegenwärtig wird diese Problematik intensiv anhand so genannter Essential Facilities diskutiert. Der Begriff stammt aus der US-amerikanischen Antitrustpolitik und bezeichnet eine Einrichtung oder Infrastuktur, die nicht duplizierbar ist und deren Nutzung notwendig ist, um mit dem Eigentümer dieser Einrichtung zu konkurrieren. Typische Beispiele für solche Essential Facilities sind das Telefon-, Strom- und Schienennetz, weswegen diese Problematik derzeit im Zusammenhang mit der Deregulierung der Strom-, Telekommunikations- und Eisenbahnmärkte besonders aktuell ist. Im Fall des Strommarktes stellt die Nutzung des Stromnetzes zur Durchleitung von Strom einen nachgelagerten Markt zur wirtschaftlichen Aktivität der Stromerzeugung dar. Die Netzbetreiber verfügen als frühere, staatlich geschützte Gebietsmonopolisten über eine Gatekeeper-Position und können Markteintritte neuer Konkurrenten in den Stromerzeugermarkt behindern.

Für die Telefon- und Eisenbahnmärkte bestehen die Essential Facilities in Form des Telefonkabelnetzes der Deutschen Telekom AG und des Schienennetzes der staatseigenen Deutsche Bahn AG auf vorgelagerten Märkten und können als Markteintrittsbarrieren für die nachgelagerten wirtschaftlichen Aktivitäten „Übermittlung von Telefongesprächen" und „Betreiben von Zügen" genutzt werden. Es laufen bereits Untersuchungen des Bundeskartellamtes und der EU-Kommission bezüglich des Verdachtes, dass die jeweilige Gatekeeperposition zur Errichtung strategischer Marktzutrittsschranken genutzt wurde. Im Fall des Telekommunikationsmarktes wurde sogar eine eigene staatliche Regulierungsbehörde eingerichtet, die die Konditionen des Netzzuganges überwacht. Ähnliche Forderungen und Pläne existieren auch bezüglich des Strom-[55] und des Schienenver-

---

55 Während in den meisten Staaten der EU für den Strommarkt hier bereits Regulierungsbehörden installiert wurden, setzt Deutschland gegenwärtig noch auf freiwillige Verbändevereinbarungen der

kehrsmarktes. Allerdings zeigt der Telefonmarkt, dass auch Essential Facilities nicht zwingend dauerhafte Wettbewerbsprobleme darstellen müssen, da über die Funktelefonnetze sowie weitere Technologieinnovationen (Satellitennutzung, Nutzung von Stromleitungen zur Kommunikation) kabelnetzunabhängige Konkurrenz möglich wurde.

Konglomerate Fusionen schließlich gelten wettbewerbspolitisch als vergleichsweise ungefährlich, da hieraus nicht unmittelbar marktbeherrschende Positionen resultieren. Allerdings gelten gegenwärtig auch die mit konglomerater Konzernbildung verbundenen X-Ineffizienzen als besonders hoch, da die fusionierenden Unternehmen oftmals eine größere Heterogenität aufweisen als bei horizontalen Fusionen. Die betriebswirtschaftliche Forschung und Praxis tendiert dazu, die positiven Effekte konglomerater Fusionen wie verbesserte Risikostreuung durch Diversifikation sowie finanzwirtschaftliche und administrative Synergien geringer einzuschätzen als die mit hoher Wahrscheinlichkeit resultierenden X-Ineffizienzen; in den 1980er Jahren dominierte noch die gegenteilige Auffassung. Im Zuge der gegenwärtig präferierten Strategie der Konzentration auf die Kernkompetenzen kommt es daher vielfach zu einer Dekonzentration konglomerater Strukturen. Vollständig zu ignorieren sind konglomerate Fusionen aus wettbewerbspolitischer Perspektive allerdings nicht, da konglomerate Konzerne durch Mischkalkulation und Quersubventionierung zwischen den verschiedenen Konzernteilen Limitpreis- und Dumping-Strategien zur Verdrängung nicht-konglomerater Konkurrenten finanzieren können oder durch Androhung solcher Maßnahmen strategische Marktzutrittsschranken errichten können (so genannte Deep Pocket-Strategie[56]). Insgesamt sind sich jedoch die meisten

---

Netzbetreiber und Stromerzeuger – mit bisher wettbewerbspolitisch wenig zufriedenstellenden Ergebnissen.

[56] Man verweist gegenüber potenziellen Markteintritten auf die eigene Finanzkraft („tiefe Tasche") und die damit verbundene Mög-

Wettbewerbsökonomen darin einig, dass von konglomeraten Fusionen nur in Ausnahmefällen wettbewerbsbeschränkende Wirkungen ausgehen.

4. Zwischenfazit

Welche Antworten können aus der Vielzahl von Argumenten über die Vor- und Nachteile von Unternehmenszusammenschlüssen auf die beiden ersten Leitfragen nach einer betriebswirtschaftlichen und einer gesamtwirtschaftlichen Beurteilung von Megafusionen gegeben werden?

Zunächst wird aus der Vielzahl der Motive für die jüngst stattgefundenen Megafusionen deutlich, dass diese Fusionen sowohl von ihren Ursachen als auch von ihren Wirkungen her eine große Variationsbreite aufweisen. Es zeigte sich, dass es eine Fülle gut nachvollziehbarer Gründe geben kann, weshalb Fusionen aus betriebswirtschaftlicher Sicht sinnvoll sein können. Hierzu gehört die Realisierung von unterschiedlichen Synergieeffekten und Größenvorteilen ebenso wie die Verfolgung bestimmter Unternehmensstrategien der Konzentration auf Kernkompetenzen, der Markterweiterung oder der Restrukturierung ganzer Industriestrukturen, insbesondere nach der Liberalisierung von vorher hoch regulierten und verkrusteten Sektoren (wie zum Beispiel der Stromversorgung, der Telekommunikation oder des Flugverkehrs).

Bedenklich ist, dass beim größten Teil von Megafusionen die erwarteten Vorteile nicht realisiert werden können. Es werden folglich viele Fusionen durchgeführt, die auch aus betriebswirtschaftlicher Sicht nicht sinnvoll sind. Dies mag zum einen daran liegen, dass das Management von Fusionsprozessen noch

---

lichkeit, eine eventuelle Dumping-Strategie länger durchzuhalten als der potenzielle Konkurrent.

weiter verbessert werden muss, um die in den Fusionen vorhandenen Potenziale besser ausnutzen zu können. Zum anderen aber gibt es genügend Hinweise, dass durch die Eigeninteressen der beteiligten Manager, Banken, Unternehmensberatungen und Anwälte sowie durch psychologische Ansteckungseffekte auch häufig Zusammenschlüsse durchgeführt wurden, die aus betriebswirtschaftlicher Sicht nicht hätten initiiert werden dürfen.

Die hierin liegenden wirtschaftspolitischen Implikationen sollen in diesem Beitrag aber nicht weiter thematisiert werden. Die gesamtwirtschaftliche Beurteilung von Megafusionen bezieht sich hier ausschließlich auf die Frage, inwieweit durch sie der Wettbewerb beschränkt wird und damit die für die Funktionsfähigkeit von Märkten so wichtigen Wettbewerbsfunktionen beeinträchtigt werden. Auch diesbezüglich wurde die Notwendigkeit einer starken Differenzierung deutlich. Wichtig ist zunächst, dass völlig unabhängig von den Zusammenschlussmotiven Megafusionen zu einer starken Erhöhung der horizontalen Unternehmenskonzentration und damit zu Marktmacht führen können.

Die negative Beurteilung von Marktmacht (mit zu hohen Preisen, zu niedrigen Mengen, hohen, nicht auf Leistung beruhenden Gewinnen und allokativen Ineffizienzen) ist in der Wettbewerbstheorie unbestritten. Umstritten ist dagegen, unter welchen Bedingungen, das heißt, ab welchem Konzentrationsgrad und in Kombination mit welchen anderen Determinanten der Marktstruktur horizontale Fusionen tatsächlich zu Marktmacht führen und deshalb den Wettbewerb beschränken. Hier ist eine differenzierende Beurteilung der Fusionen unabdingbar. Bedeutsam wäre vor allem die stärkere Einbeziehung der Wirkungen von Fusionen auf die Innovationsfähigkeit und die dynamische Effizienz. Während konglomerate Fusionen selten Probleme aufwerfen, können bei vertikalen Fusionen unter bestimmten Bedingungen wettbewerbsbeschränkende Wirkungen auftreten.

Die wettbewerbspolitische Beurteilung von Megafusionen erfordert eine differenzierte Analyse der Wirkungen des Zusammenschlusses auf die jeweiligen Märkte, bei der eine Fülle von Kriterien berücksichtigt werden muss. Im folgenden Kapitel wird untersucht, wie die Wettbewerbspolitik sicherstellt, dass der Wettbewerb nicht durch internationale Megafusionen beschränkt wird.

IV. Internationale Fusionen und wirksame Wettbewerbspolitik

1. Wie funktioniert die europäische Fusionskontrolle?

Fusionen wie die von Daimler/Chrysler oder AOL/TimeWarner können sich auf den Wettbewerb in vielen Ländern auswirken. Sind deutsche und europäische Märkte betroffen, ist es Aufgabe der deutschen oder europäischen Fusionskontrolle, Beschränkungen des Wettbewerbs zu verhindern. Mit Einführung der europäischen Fusionskontrolle wurde eine strikte Arbeitsteilung zwischen den nationalen Fusionskontrollen der Mitgliedstaaten und der europäischen Fusionskontrolle vereinbart, um parallele Fusionskontrollverfahren zu vermeiden.

Die europäische Fusionskontrolle ist im Wesentlichen immer dann zuständig, wenn

☐ der weltweite Gesamtumsatz der beteiligten Unternehmen fünf Milliarden Euro überschreitet,

☐ der Gesamtumsatz von mindestens zwei der beteiligten Unternehmen innerhalb der EU jeweils mehr als 250 Millionen Euro beträgt, und

☐ die beteiligten Unternehmen nicht mehr als zwei Drittel ihres Umsatzes in einem Mitgliedstaat erzielen.[57]

Da bei internationalen Großfusionen fast immer die europäische Fusionskontrolle zuständig ist, werden wir uns bei der folgenden Frage, wie solche Zusammenschlüsse wettbewerbspolitisch kontrolliert werden können, ausschließlich auf die Funktionsweise der europäischen Fusionskontrolle konzentrieren.

---

57 In diesem Fall würde man von einem primär nationalen Fall ausgehen, der von der nationalen Fusionskontrolle behandelt werden sollte.

Bei Einführung der europäischen Fusionskontrolle Ende der 1980er Jahre wurde lange darüber gestritten, ob das ausschließliche Ziel der Fusionskontrolle die Sicherung des Wettbewerbs sein soll oder ob auch industriepolitische Erwägungen – beispielsweise die internationale Wettbewerbsfähigkeit der europäischen Industrie und die Förderung des technischen Fortschritts – Berücksichtigung finden könnten. Damit hätten Fusionen trotz des Entstehens einer marktbeherrschenden Stellung genehmigt werden können. Eine Einbeziehung industriepolitischer Erwägungen ist aber abgelehnt worden. Auch etwaige durch den Zusammenschluss entstehende Effizienzvorteile können nicht bei der Prüfung einbezogen werden, wie dies – unter sehr restriktiven Bedingungen – in der US-amerikanischen Fusionskontrolle prinzipiell möglich ist (Efficiency Defense).

Nach Art. 2 der Fusionskontrollverordnung wird ausschließlich geprüft, ob durch den Zusammenschluss eine marktbeherrschende Stellung entsteht oder verstärkt wird. Wird diese Frage am Ende der Prüfung bejaht, so muss die Kommission den Zusammenschluss untersagen, andernfalls muss sie ihn genehmigen. In der europäischen Fusionskontrolle gibt es keine weitere politische Ebene mehr – wie in Deutschland mit der Erlaubnis des Bundeswirtschaftsministers –, die nach einer Untersagung den Zusammenschluss auf Grund politischer Kriterien doch noch genehmigen könnte. Insofern ist die europäische Fusionskontrolle ausschließlich an Wettbewerbskriterien orientiert.

Die EU-Kommission hat sich bei ihrer Fusionskontrolle einem strikten Zeitplan mit engen Fristen unterworfen. Nach der Anmeldung der Fusion, die mit umfangreichen Informationspflichten durch die beteiligten Unternehmen verbunden ist, hat die Merger Task Force (innerhalb der zuständigen Generaldirektion Wettbewerb) einen Monat Zeit, um zu prüfen, ob es aus Sicht der Wettbewerbspolitik „ernsthafte Bedenken" gegen die Genehmigungsfähigkeit dieser Fusion gibt. Liegen solche ernsthaften Bedenken nicht vor, so wird die Fusion bereits nach dieser ersten Prüfungsphase innerhalb eines Monats nach der Anmeldung genehmigt. Dies ist bei über 90 Prozent aller Anmeldungen der Fall. Kommt die Merger Task Force bei dieser Prüfung aber zur Auffassung, dass durch den Zusammenschluss doch eine marktbeherrschende Stellung entstehen könnte, dann tritt das Verfahren in eine zweite, viermonatige Prüfungsphase ein. In dieser Phase werden die Wirkungen des Zusammenschlusses intensiv geprüft sowie eventuelle Möglichkeiten zur Abänderung des Zusammenschlussvorhabens untersucht. Abschließend kann der Zusammenschluss entweder ohne Auflagen genehmigt werden, weil ein Auftreten von Wettbewerbsproblemen nicht zu erwarten ist, oder die Genehmigung erfolgt unter Bedingungen und Auflagen, welche die Wettbewerbsprobleme verhindern sollen. Sind die wettbewerbspolitischen Bedenken nicht durch Auflagen auszuräumen, wird das Fusionsvorhaben durch die Kommission untersagt.

Die konkrete Prüfung, ob eine Fusion zur Entstehung einer marktbeherrschenden Stellung führt, geht in zwei Schritten vor sich.[58] Zunächst muss bestimmt werden, welche Märkte überhaupt von einem solchen Zusammenschluss betroffen sind. Handelt es sich um zwei Großkonzerne, die wiederum oft aus vielen einzelnen (Tochter-)Unternehmen mit einer Fülle von angebotenen Produkten bestehen, so können von dieser Fusion viele Märkte betroffen sein. Diese Märkte müssen in sachlicher und räumlicher Hinsicht abgegrenzt werden. Danach kann in einem zweiten Schritt geprüft werden, ob dieser Zusammenschluss zu einer marktbeherrschenden Stellung führt. Da marktbeherrschende Stellungen sowohl von großen einzelnen Unternehmen als auch gemeinsam von mehreren Unternehmen (Oli-

---

58 Vgl. zur Funktionsweise und der Praxis der europäischen Fusionskontrolle *Europäische Kommission* (1994), *Kerber* (1994, 2000), *Drauz/Schroeder* (1995), *Kantzenbach/Kottmann/Krüger* (1996), *Schmidt/Schmidt* (1997), Seiten 63 ff., *Albers* (1999) und *Cook/Kerse* (2000).

gopol) erreicht werden können, sind beide Arten der Marktbeherrschung zu prüfen.

Bei der sachlichen Marktabgrenzung[59] wird bestimmt, welche Anbieter mit ihren Produkten zu dem Markt gehören, für den geprüft werden soll, ob durch die Fusion eine marktbeherrschende Stellung entsteht. Das zentrale Problem besteht dabei darin, dass die Anbieter meist keine identischen, sondern differenzierte Produkte anbieten. So unterscheiden sich im Automobilbereich die Modelle verschiedener Hersteller durchaus, gleichzeitig aber stehen bestimmte Modelle wie der VW Golf und der Opel Astra in einem harten Wettbewerb, weil sie ähnliche Eigenschaften und Preise aufweisen. Andererseits dürfte der Wettbewerb zwischen einem VW Polo und einem teuren Sportwagen begrenzt sein, weil diese Automodelle auf unterschiedliche Bedürfnisse verschiedener Kundensegmente abzielen.

Die Wettbewerbsbehörden stehen somit vor der schwierigen Aufgabe, die vielfältigen Automodelle in bestimmte Gruppen wie beispielsweise Klein-, Mittelklasse- oder Luxusklassewagen einzuteilen. Das zentrale Kriterium für diese Gruppenbildung ist die Frage, welche Automodelle aus Sicht der Kunden in Bezug auf die Leistungsmerkmale und den Preis als austauschbar angesehen werden (Kriterium der nachfragerseitigen Substituierbarkeit). Auf diese Weise kann dann bestimmt werden, wie viele Automobilhersteller auf den relevanten Märkten präsent sind und wie hoch damit die Unternehmenskonzentration auf diesen Märkten ist.

Märkte sind aber nicht nur sachlich, sondern auch räumlich abzugrenzen. So nützt es einem Nachfrager nach Mineralwasser in Deutschland nichts, wenn Mineralwasseranbieter aus Frankreich oder Italien ihre Erzeugnisse nicht in Deutschland verkaufen. Folglich ist die räumliche Größe der jeweiligen Märkte zu bestimmen. Im Lebensmitteleinzelhandel kann der räumlich re-

---

59 Für einen Überblick über die Konzepte zur sachlichen Marktabgrenzung vgl. *Schmidt* (2001), Seiten 49 ff.

levante Markt sehr klein sein, beispielsweise eine einzelne Stadt mit ihrem begrenzten Einzugsbereich, da den Konsumenten nicht zugemutet werden kann, einem marktbeherrschenden Lebensmittelhändler durch den Einkauf in einer 50 Kilometer entfernten Stadt auszuweichen. Bei vielen Konsumgütern aber, deren Hersteller national oder europaweit anbieten, wird man als räumlich relevanten Markt Deutschland oder die Europäische Union ansehen. Wichtige Kriterien für die räumliche Marktabgrenzung sind die Transportkosten, die beispielsweise bei einem Gut wie Mineralwasser die Größe des Marktgebiets deutlich begrenzen, aber auch Handelsschranken wie Zölle oder unterschiedliche Regulierungen und technische Standards, die den Handel zwischen den Staaten erschweren. Bei bestimmten Gütern wie beispielsweise Flugzeugen oder Software könnte bereits ein Weltmarkt abgegrenzt werden, so dass alle auf der Welt anbietenden Hersteller zum relevanten Markt gehören.

Für jeden der von einer Fusion betroffenen relevanten Märkte ist nun zu prüfen, ob durch den Zusammenschluss eine marktbeherrschende Stellung entsteht oder verstärkt wird. Ein Unternehmen wird dann als marktbeherrschend angesehen, wenn es einen von den Wettbewerbern nicht mehr ausreichend kontrollierten Verhaltensspielraum hat. In der europäischen Fusionskontrollpraxis wird hierfür eine Anzahl von Kriterien verwendet, die sich hauptsächlich auf die Marktstruktur beziehen:[60]

☐ Der Marktanteil nach dem Zusammenschluss ist das wichtigste Kriterium für die Beurteilung von Zusammenschlüssen. Liegt der Marktanteil unter 30 bis 40 Prozent, wird generell angenommen, dass hierdurch keine Wettbewerbsprobleme entstehen. Bei höheren Marktanteilen wird eine weitere intensive Prüfung vorgenommen.

---

[60] Für eine Zusammenfassung der von der europäischen Fusionskontrollpraxis konkret verwendeten Kriterien für die Feststellung marktbeherrschender Stellungen (einschließlich marktbeherrschender Oligopole) vgl. *Kerber* (2000), Seiten 72 ff.

☐ Gibt es andere Wettbewerber mit beträchtlichen Marktanteilen und/oder großer Finanzkraft, so wird hierdurch der Verhaltensspielraum der sich zusammenschließenden Unternehmen begrenzt, so dass dies gegen die Entstehung einer marktbeherrschenden Stellung spricht.
☐ Stellt man fest, dass in diesem Markt keine oder nur geringe Marktzutrittsschranken bestehen, so dass Wettbewerber in den Markt eintreten können, so ist dies ein Argument gegen das Entstehen einer Marktbeherrschung, selbst wenn sich zusammenschließende Unternehmen relativ hohe Marktanteile besitzen.
☐ Der Verhaltensspielraum eines großen Anbieters mit hohen Marktanteilen kann auch durch die Existenz von großen Nachfragern (wie beispielsweise Lebensmittelhandelsketten gegenüber Markenartikelherstellern oder Automobilproduzenten gegenüber ihren Zulieferern) eingeschränkt werden, da diese über erhebliche Einkaufsmacht verfügen.
☐ Daneben können aber auch noch eine Anzahl weiterer Kriterien Berücksichtigung finden, beispielsweise der Zugang zu den Absatz- und Beschaffungsmärkten oder die Frage, ob eine Sanierungsfusion vorliegt.

Existieren auf einem Markt nach dem Zusammenschluss mehrere große Wettbewerber (Oligopolisten), stellt sich die Frage, ob diese Unternehmen – statt untereinander Wettbewerb zu betreiben – zusammen ein marktbeherrschendes Oligopol bilden. Dann bestünde erstens kein wesentlicher Wettbewerb zwischen diesen Oligopolisten, und zweitens besäßen sie insgesamt eine so starke Marktstellung, dass sie den Markt beherrschen. Während für die Beantwortung der zweiten Frage wieder die Kriterien aus der Marktbeherrschungsprüfung eines einzelnen Unternehmens verwendet werden können, gilt es, für die erste Frage zu untersuchen, wie wahrscheinlich es ist, dass es zwischen den Oligopolisten zu Parallelverhalten kommt. Hierfür sind folgende Kriterien ausschlaggebend:
☐ Je größer die Anzahl der Oligopolisten ist, desto schwieriger ist es, wettbewerbsbeschränkendes Verhalten abzusprechen und

dafür zu sorgen, dass sich alle an diese Absprachen halten.

☐ Je gleichartiger und standardisierter die Produkte sind, desto leichter können beispielsweise Preisabsprachen getroffen und deren Einhaltung kontrolliert werden.

☐ Je besser die Informationen der Anbieter über die von allen anderen Anbietern vereinbarten Verkaufspreise und -mengen sind, desto leichter kann wiederum die Einhaltung wettbewerbsbeschränkender Absprachen kontrolliert werden.

☐ Je mehr sich die Oligopolisten beispielsweise in Bezug auf ihre Kosten, ihre technologische oder finanzielle Stärke voneinander unterscheiden, umso wahrscheinlicher wird es, dass einzelne Oligopolisten ihren Vorteil in einem wettbewerblichen Verhalten statt in Wettbewerbsbeschränkungen sehen.

Stellt die Kommission nach der Prüfung fest, dass durch den Zusammenschluss eine marktbeherrschende Stellung entsteht, so hat sie die Fusion zu untersagen. Allerdings ist es in solchen Fällen üblich, dass die Merger Task Force innerhalb der zuständigen Generaldirektion Wettbewerb der EU-Kommission mit den beteiligten Unternehmen nach Möglichkeiten sucht, wie der Zusammenschluss so verändert werden kann, dass die Wettbewerbsprobleme vermieden werden und somit der Zusammenschluss doch noch genehmigt werden kann. Damit ist die Auflagen- und Zusagenpraxis der Kommission angesprochen. Wird zum Beispiel festgestellt, dass beim Zusammenschluss zwischen zwei großen Unternehmen auf einem einzelnen Markt sehr hohe Marktanteile entstehen, so kann vereinbart werden, dass bestimmte Betriebsteile an ein bestehendes Konkurrenzunternehmen oder einen neuen, bisher auf dem Markt nicht präsenten Wettbewerber verkauft werden. Zusagen können sich auch auf die Auflösung von kapitalmäßigen Verflechtungen zwischen Unternehmen beziehen oder auf die Sicherung des Zugangs zu Absatz- und Beschaffungsmärkten. Ist die Kommission der Meinung, dass mit solchen Zusagen die durch den Zusammenschluss verursachten Wettbewerbsprobleme gelöst werden können, so genehmigt sie die Fusion unter Auflagen.

Die bisherige Statistik der EU-Fusionskontrolle zeigt, dass die große Mehrheit der angemeldeten Fusionsvorhaben ohne Probleme bereits in der ersten Prüfungsphase genehmigt werden konnte. Nur relativ wenige Zusammenschlüsse sind letztendlich untersagt worden, weil sie nach Auffassung der Kommission auch durch Zusagen der Unternehmen oder Auflagen als nicht vereinbar mit dem Wettbewerb auf dem europäischen Binnenmarkt angesehen werden mussten. Generell kommt es in der zweiten Prüfungsphase recht häufig zu einer Genehmigung unter Auflagen. Zu einem Zurückziehen der Anmeldung kann es kommen, wenn die fusionswilligen Unternehmen einem drohenden Verbot durch die Kommission zuvorkommen wollen oder wenn die sich abzeichnenden Auflagen die Fusion aus der Sicht der Unternehmen unwirtschaftlich machen. In speziellen Fällen kann es auch zu Verweisungen an die nationalen Fusionskontrollen kommen.

EU-Fusionskontrollverfahren

Prüfungsphase I	
Genehmigung	1836
Genehmigung nach Zusagen	97
Zurückziehung der Anmeldung	59
Prüfungsphase II	
Genehmigung ohne Auflagen	22
Genehmigung mit Auflagen	62
Untersagung	18
Zurückziehung der Anmeldung	22
Verweisung an Mitgliedstaaten (insgesamt)	48

Tabelle 2 (Stand: 31. Januar 2003)
Quelle: www.europa.eu.int/comm/competition/mergers/cases/stats.html

2. Die europäische Fusionskontrolle in der Praxis

2.1 Daimler-Benz/Chrysler

Bereits bei der Vorstellung der Fusion von Daimler-Benz und Chrysler wurde darauf hingewiesen, dass die EU-Kommission bei diesem Zusammenschluss keine Wettbewerbsprobleme sah und ihn insofern bereits in der ersten Phase des Prüfungsverfahrens genehmigte. Weshalb wurden aber in dieser transatlantischen Megafusion, durch die immerhin ein Konzern mit einem Umsatz von 162,4 Milliarden Euro und 420.000 Beschäftigen entstand, keine gravierenden negativen Konsequenzen für den Wettbewerb gesehen? Hierzu soll kurz analysiert werden, wie die Kommission ihre allgemeinen Prüfkriterien auf diesen Fall angewendet hat.[61]

Die zentrale Frage für die Genehmigung eines Zusammenschlusses durch die europäische Fusionskontrolle ist, ob durch ihn eine marktbeherrschende Stellung entsteht oder verstärkt wird. Letztlich ist entscheidend, ob sich auf den Märkten, auf denen Daimler und Chrysler aktiv waren, die Marktanteile beider Unternehmen in einem solchen Umfang addieren, dass hieraus die Gefahr einer marktbeherrschenden Stellung entsteht. Insofern hatte die Kommission zunächst die sachlich und räumlich relevanten Märkte zu bestimmen, auf denen solche Marktanteilsadditionen stattfinden könnten.

Unstrittig war, dass sich der Zusammenschluss vor allem auf die Märkte für Personenkraftwagen auswirkt. Darüber hinaus aber war zwischen den beteiligten Unternehmen und der Kommission umstritten, wie der sachlich relevante Markt abzugrenzen sei. Die beteiligten Unternehmen vertraten die Auffassung, dass alle Personenkraftwagen zusammen den relevanten Markt

---

[61] Vgl. zu den Einzelheiten des Falls und der Begründung der Kommission *European Commission* (1998).

bilden würden. Die Kommission dagegen war der Meinung, dass mehrere Märkte für Personenkraftwagen zu differenzieren seien. Als engste mögliche Unterteilung schlug sie insgesamt neun Segmente vor, von denen jedes für sich einen sachlich relevanten Markt bilden könnte: Miniautos, kleine Autos, mittelgroße Autos, große Autos, Autos der Oberklasse, Luxusautos, Sportcoupés, Mehrzweckautos, Sportautos. Es dürfte unmittelbar klar sein, dass umso größere Marktanteile festgestellt werden, je enger der Markt abgegrenzt ist. Die am Zusammenschluss beteiligten Unternehmen waren daher an einer weiten Abgrenzung interessiert, da hierdurch die Wahrscheinlichkeit der Feststellung einer marktbeherrschenden Stellung sinkt.

Dies gilt gleichermaßen für die räumliche Abgrenzung der relevanten Märkte. Hier hätten Daimler und Chrysler gerne Weltmärkte oder wenigstens den europäischen Markt abgegrenzt, da beide Unternehmen ihre Fahrzeuge in vielen Ländern verkaufen. Die Kommission dagegen war der Auffassung, das die Unterschiede bei den Preisen, der Besteuerung, der Vertriebssysteme und des Verbreitungsgrades der Automobilhersteller zwischen den Mitgliedstaaten der EU noch so unterschiedlich seien, dass auf nationale Märkte abzustellen sei.

Nach diesen Überlegungen zur Marktabgrenzung führte die Kommission eine wettbewerbliche Beurteilung des Zusammenschlusses auf diesen Märkten durch. Bezogen auf alle Personenkraftwagen und den gesamten europäischen Markt[62] stellte man Marktanteile für Daimler von 3,4 Prozent und für Chrysler von 0,7 Prozent fest. Die Volkswagengruppe (16,5 Prozent) hatte demgegenüber wesentlich größere Marktanteile, so dass bei einer solchen Marktabgrenzung der Zusammenschluss sicherlich keine Wettbewerbsprobleme aufweisen würde.

Wie wäre es aber, wenn die Märkte sowohl sachlich als auch geographisch enger abgegrenzt würden? Die Kommission prüfte

---

62 Die Kommission bezieht sich dabei nicht auf die EU, sondern auf den Europäischen Wirtschaftsraum (EWR).

folglich für weit über hundert einzelne Märkte, ob die kumulierten Marktanteile von Daimler und Chrysler Größenordnungen erreichen, bei denen man eine marktbeherrschende Stellung annehmen könnte. Der weitaus größte Teil von Märkten war von vorneherein unproblematisch, weil es in diesen Segmenten nicht zu Überlappungen zwischen Daimler und Chrysler kam, die kumulierten Marktanteile insgesamt sehr niedrig (unter 15 Prozent) oder die Marktanteilszuwächse äußerst klein waren. Zwar hatte beispielsweise Daimler bei Autos der Oberklasse in Deutschland einen Marktanteil von 32,5 Prozent, aber durch die Fusion mit Chrysler hätte sich dieser nur um 0,1 Prozentpunkte erhöht. Nur in ganz wenigen nationalen Märkten, wie beispielsweise bei Mehrzweckautos in Finnland und Norwegen (durch die starke Marktposition des Chrysler Voyager), ergaben sich Marktanteile von über 40 Prozent. Aber auch dort konnte die Kommission einen intensiven Wettbewerb zwischen den Anbietern feststellen.

Insgesamt kam die Kommission zu dem Schluss, dass die Überschneidungen zwischen Daimler und Chrysler letztlich so gering sind, dass durch den Zusammenschluss keine marktbeherrschende Stellung entsteht oder verstärkt wird. Dies ist auch darauf zurückzuführen, dass der Schwerpunkt der Automobilaktivitäten von Chrysler in den USA und nicht in Europa liegt.

Die absolute Größe eines Zusammenschlusses, das heißt, wie viel Umsatz oder wie viele Beschäftigte das neue Unternehmen hat, spielt für die Genehmigung der Fusion keine Rolle. Es ist nur wichtig, ob auf einzelnen Märkten eine marktbeherrschende Stellung entsteht. Insofern arbeitet die Fusionskontrolle streng marktbezogen. Diese Vorgehensweise war nicht immer unumstritten. So ist in der Vergangenheit die Position vertreten worden, dass die Wettbewerbspolitik auch die absolute Größe von Unternehmen begrenzen sollte. Sehr große Unternehmen könnten eine zu große politische Macht gewinnen und die Demokratie gefährden. Ein anderes Argument lautete, dass die Politik bei drohendem Konkurs an einer Rettung durch Subventionen nicht vorbeikommt, da zu viele Arbeitsplätze auf dem Spiel stehen.[63] Würden solche und andere nichtmarktbezogene Kriterien bei der Fusionskontrolle eingeführt, so würde man sich weit von einer wettbewerbsorientierten Fusionskontrolle entfernen.

2.2 Boeing/McDonnell Douglas

Von der Fusion Boeing/MDD waren insbesondere zwei Märkte betroffen:[64] der Markt für zivile Verkehrsflugzeuge und der Markt für Rüstungsgüter. Dabei stellt der Begriff „Rüstungsgüter" sicherlich keine hinreichend enge Marktabgrenzung dar, da darunter Kampfflugzeuge, militärische Transportflugzeuge und Raketensysteme fallen. Eine detailliertere Marktabgrenzung war jedoch nicht notwendig, da die EU-Kommission auf eine Untersuchung dieses Marktes verzichtete und damit die besonderen Interessen der USA bezüglich ihrer Rüstungsindustrie respektierte.

Auf den Markt für zivile Verkehrsflugzeuge trifft eine solche einseitige Interessenlage jedoch nicht zu. Als sachlich relevanten Markt definierte die EU-Kommission den Markt für düsengetriebene Verkehrsflugzeuge mit mehr als 100 Sitzen, da dieser sich von dem Markt für kleinere Flugzeuge zum einen durch einen unterschiedlichen Nachfragerkreis und zum anderen durch eine komplett andere Anbieter- und Vertriebsstruktur abhob.

Zum Zeitpunkt der Fusionsanmeldung gab es weltweit drei Anbieter: Boeing (USA) mit einem Marktanteil von gut 60 Prozent, Airbus (EU) mit einem Marktanteil von etwa 30 Prozent

---

63 Vgl. hierzu exemplarisch den Fall des Baukonzerns *Holzmann*, der 1999 unter Einsatz des Bundeskanzlers gerettet wurde, aber dann 2002 letztendlich doch Insolvenz anmelden musste.

64 Vgl. zum Fall insgesamt *European Commission* (1997) und *Berg/Müller* (1997).

und MDD (USA) mit einem Marktanteil von knapp 10 Prozent. Durch die Fusion wäre aus einem engen Oligopol ein Duopol geworden.

Die EU-Kommission kam zu dem Schluss, dass Boeing bereits vor der Fusion über eine marktbeherrschende Stellung verfügte, da zu dem hohen Marktanteil noch langfristige Exklusivverträge für etwa 20 Jahre mit drei großen Fluggesellschaften (American Airlines, Delta Airlines und Continental Airlines) kamen, die es dem nach der Fusion einzig verbliebenen Konkurrenten Airbus nicht ermöglicht hätten, eine wirksame Konkurrenz zu entfalten. Nach Auffassung der Kommission hätte die Fusion Boeing/MDD eine Verstärkung dieser marktbeherrschenden Stellung bedeutet, da erstens ein – wenn auch kleiner – Wettbewerber weggefallen wäre, zweitens Boeing damit Zugang zu den Abnehmern und Geschäftspartnern von MDD bekommen hätte und drittens die starke Marktposition von MDD im US-amerikanischen Rüstungsmarkt und der darüber vorhandene Zugang zu staatlich finanzierter Technologieentwicklung eine Quersubventionierung der zivilen Sparten ermöglicht hätte. Daher kündigte die Kommission an, die Fusion untersagen zu wollen.

Allerdings hatten die US-amerikanischen Wettbewerbsbehörden die Fusion vorher bereits ohne nennenswerte Bedenken genehmigt.[65] Dies wurde seitens der USA vor allem damit begründet, dass MDD zukünftig ohnehin keine wesentliche Wettbewerbskraft mehr besessen hätte, da der Marktanteil ständig gesunken war und auch die Technologie der Douglasflugzeuge als veraltet galt. Auch hatte MDD bereits vergeblich versucht, die zivile Flugzeugsparte (Douglas Aircraft Company, DAC) an Dritte zu verkaufen. Allerdings gingen die US-amerikanischen Wettbe-

---

65 Vgl. *Federal Trade Commission* (1997). Innerhalb der US-amerikanischen Wettbewerbsbehörden gab es hierzu allerdings offenbar deutlich abweichende Auffassungen, vgl. *Nader* (1997) und *Gifford/Sullivan* (2000).

werbshüter ebenfalls davon aus, dass DAC auch ohne Fusion weiterhin am Markt hätte überleben können. Leichte Bedenken hatten die US-amerikanischen Wettbewerbsbehörden lediglich bei den Exklusivverträgen.

In der Öffentlichkeit wurde auf beiden Seiten darüber spekuliert, inwieweit andere als wettbewerbspolitische Interessen bei den Entscheidungen der Wettbewerbsbehörden eine Rolle gespielt haben könnten. So befürworteten die USA die Fusion Boeing/MDD vor dem Hintergrund ihrer nationalen Sicherheitsinteressen, während die EU sicherlich ein industriepolitisches Interesse an einer Stärkung des europäischen Wettbewerbers Airbus hatte[66]. Jedenfalls war das persönliche Engagement hochrangiger Politiker auf beiden Seiten groß.

Die EU-Kommission konnte ein Fusionsverbot nicht durchsetzen und einigte sich mit den Fusionsparteien und den US-amerikanischen Wettbewerbsbehörden auf eine Auflagenlösung. Demnach verpflichtete sich Boeing, die erworbene DAC zehn Jahre lang als selbständiges Unternehmen zu führen, und verzichtete zudem für den gleichen Zeitraum auf seine Rechte aus den Exklusivverträgen mit den Fluggesellschaften. Damit wurde zum einen der Zugang zum US-Markt für Airbus offen gehalten und zum anderen wurden die Synergieeffekte zwischen Boeing und DAC begrenzt. Weitaus schwieriger in der Praxis zu kontrollieren dürfte hingegen die Verpflichtung Boeings sein, keine staatlichen Fördermittel für die Rüstungs- und Raumfahrtindustrie für den zivilen Flugzeugbau zu verwenden und resultierendes Know-How gegen angemessene Lizenzgebühren auch der Konkurrenz zur Verfügung zu stellen.

Der Fusionsfall Boeing/MDD zeigt, dass auch Weltmärkte nicht vor einer hohen Unternehmenskonzentration geschützt sind. Das Duopol aus Boeing und Airbus dürfte dabei bis auf weiteres unangefochten bleiben, da neue Konkurrenten auf

---

66 Vgl. *Fox* (1998)

Grund der sehr hohen Investitions- und Entwicklungskosten in diesem Markt auf absehbare Zeit nicht auftreten werden.[67] Schwierig zu beantworten ist auch die Frage, ob zwischen den Anbietern in diesem Duopol dauerhaft Wettbewerb herrschen wird oder ob sich die beiden Firmen mittelfristig arrangieren könnten. Eine Beurteilung wird zudem dadurch erschwert, dass beide Unternehmen in massiver Weise direkt und/oder indirekt durch öffentliche Subventionen unterstützt werden. Es ist jedoch auch festzuhalten, dass im Falle des Ausscheidens eines der beiden Unternehmens aus diesem Markt ein weltweites und kaum angreifbares Monopol droht.

2.3 AOL/Time Warner

Von der Fusion von AOL und Time Warner waren eine Vielzahl von Einzelmärkten betroffen. Wir beschränken uns nachfolgend auf die Kerngeschäftsbereiche der beiden Unternehmen sowie auf die Märkte, bei denen gemäß der EU-Kommission wettbewerbspolitische Probleme auftraten.[68]

Das Kerngeschäft von AOL ist das kombinierte Anbieten von Internetzugang und -inhalten (Content Providing). Hier war AOL zum Zeitpunkt der Fusion zwar weltweit Marktführer, erreichte aber auf den regionalen Teilmärkten Europas keine marktbeherrschende Stellung. Dies klingt zunächst widersprüchlich, liegt aber darin begründet, dass auf den nationalen Märkten jeweils die ehemals staatlichen Telefongesellschaften hohe Marktanteile hatten, die aber wiederum außerhalb ihres Heimat-

---

67 Zwar gibt es noch den russischen Hersteller Tupolew, jedoch hat dieser über längere Zeiträume hinweg keine neuen Flugzeuge dieser Klasse ausgeliefert und dürfte auch technologisch nicht in der Lage sein, mittelfristig als Wettbewerber aufzutreten.

68 Die Darstellung folgt *European Commission* (2000).

landes kaum vertreten waren. Lediglich AOL gehörte in allen relevanten geographischen Teilmärkten zu den drei marktanteilsstärksten Unternehmen. Innerhalb der EU lag AOL beispielsweise sowohl in Deutschland als auch in Frankreich auf Platz zwei: In Deutschland war T-Online (Deutsche Telekom) mit etwa 55 Prozent Marktanteil Marktführer, während AOL inklusive CompuServe auf etwa 25 Prozent Marktanteil kam; in Frankreich führte die France Telecom (Wanadoo) mit gut 30 Prozent, AOL/CompuServe kamen auf gut 20 Prozent; in Großbritannien lag AOL (inklusive Netscape Online und CompuServe) in etwa gleich auf mit Freeserve (beide rund 25 Prozent Marktanteil).

Durch die Fusion mit Time Warner wäre es in Europa zu keinem und in den USA kaum zu einem signifikanten Anstieg der Marktanteile gekommen, weil Time Warner mit seinem einzigen Internetprovider Road Runner in Europa gar nicht tätig war und in den USA einen Marktanteil von unter einem Prozent hatte. Alle anderen wesentlichen Geschäftsbereiche der beiden Unternehmen – Internetsoftware bei AOL, Musik- und Filmrechte, Verlagserzeugnisse und TV-Programme bei Time Warner – überschnitten sich nicht, so dass hier ebenfalls keine Marktanteilsadditionen entstehen konnten.

Obwohl aus der Fusion AOL/Time Warner keine Verstärkung der Marktanteile resultiert hätte, wurden seitens der EU-Kommission dennoch Bedenken geäußert. Damit wird nochmals deutlich, dass Marktanteile zwar ein sehr wichtiges Kriterium bei der Beurteilung der Wettbewerbseffekte eines Unternehmenszusammenschlusses sind, Gefahren für den Wettbewerb jedoch auch ohne Marktanteilsaddition entstehen können. In diesem Fall befürchteten die europäischen Wettbewerbshüter Probleme auf Grund der vertikalen Integration beider Unternehmen, insbesondere das Entstehen von nachhaltigen Marktzutrittsbarrieren.

Die Fusion AOL/Time Warner schaffte den ersten Medienkonzern, der die gesamte Wertschöpfungskette von der Produktion von Inhalten über deren Bereitstellung und Distribution im

Internet (wie auch über traditionelle Kanäle) sowie auch den Zugang zu diesen Medien abdeckte. Die Beherrschung der gesamten Wertschöpfungskette eröffnet nach Auffassung der EU-Kommission die Möglichkeit, andere, nicht-integrierte Konkurrenten von diesen Märkten auszuschließen. Dies wurde vor allem an zwei Teilmärkten deutlich gemacht: am Markt für Content Providing und am Markt für Onlinemusik.

Mit der Kombination von Internetzugang (AOL) und der Bereitstellung von Internetinhalten (Time Warner) entstehen besondere wettbewerbspolitische Risiken: Würde AOL/Time Warner durch die Fusion auf dem Zugangsmarkt eine dominierende Stellung erringen, so könnte diese Marktstellung dazu genutzt werden, auch eine Dominanz des Inhaltemarktes zu erzielen. AOL/Time Warner könnte dann die Internetnutzer, die sich über AOL (oder CompuServe und Netscape Online) einwählen, bevorzugt auf die eigenen Inhalteseiten lenken (beispielsweise durch entsprechend auffällige Links) und den Zugang zu anderen Inhalteanbietern entsprechend verstecken.[69] So sah die Kooperationsvereinbarung zwischen AOL und Bertelsmann eine bevorzugte Platzierung der Bertelsmann-Inhalte (insbesondere Musik und Bücher) auf den AOL-Seiten ebenso vor, wie Vorzugskonditionen für AOL für die Nutzung dieser Inhalte. Zudem verpflichtete sich Bertelsmann zu bevorzugter, unter bestimmten Umständen exklusiver Werbung auf AOL-Seiten und zur aktiven Werbung neuer AOL-Nutzer. Eine erhebliche Rolle spielte dabei, dass durch diese Kooperation Bertelsmann, der viertgrößte (und größte nicht-amerikanische) Inhalteproduzent, indirekt mit Time Warner, dem weltweiten größten Inhal-

---

69 Die Integration der eigenen Inhalte auf der Zugangsseite könnte im Extremfall dazu führen, dass der Internetnutzer ohne spezifische Internetkenntnisse gar nicht in das eigentliche Internet vordringt, sondern tatsächlich „lediglich" auf den AOL-Seiten verbleibt. Dies sieht auch die Kommission als Problem an, vgl. *European Commission* (2000), Seite 18, Ziffer 73.

teproduzenten, verbunden worden wäre. Die EU-Kommission kam daher zu der Auffassung dass die geplante Kombination der Fusion AOL/Time Warner mit der engen Kooperation AOL/Bertelsmann zu einer marktbeherrschenden Stellung auf dem Markt für Content Providing führen würde. Es wurde insbesondere die Gefahr einer zukünftigen Errichtung von Marktzutrittsschranken (Zugang nur zu AOL-Partnerseiten) gesehen.

Der zweite Bereich zielte auf den Markt für Onlinemusik. Dabei unterschied die EU-Kommission zwei relevante Teilmärkte: Der Markt für Onlinemusik im engeren Sinne umfasst digitalisierte Musikdateien, die entweder aus dem Internet auf den eigenen Computer und von da aus auf weitere Medien übertragen oder direkt aus dem Internet abgespielt werden können. Vertikal hiermit verbunden ist der Markt für entsprechende Music-Player, mit denen die digitalisierten Musikdateien abgespielt werden können.

Nach Auffassung der EU-Kommission würde durch die ursprünglichen Fusions- und Kooperationspläne von AOL/Time Warner sowie Bertelsmann und EMI eine dominierende Stellung bei den Rechten für Onlinemusik entstehen. Die europäischen Wettbewerbshüter befürchteten, dass eine solche Marktposition dazu genutzt werden könnte, einen eigenen Formatierungsstandard für Onlinemusik am Markt durchzusetzen und auch für die verbleibende Konkurrenz verbindlich zu machen. Im Endeffekt würde dann der Markt für Online-Music-Player monopolisiert.

Dagegen wurde von Seiten der Unternehmen eingewendet, dass die AOL-Produkte zum Fusionszeitpunkt nur über eine unbedeutende Marktposition verfügten und somit keine Marktmacht im Sinne eines Gatekeepers hätte entstehen können. Da Internet Music-Player üblicherweise unentgeltlich zum herunterladen angeboten werden, benutzen viele Konsumenten mehrere Player, so dass als Marktanteilsindikator hier die Verbreitung der einzelnen Player herangezogen wird. Und in der Tat lagen die AOL-Produkte (vor allem WinAmp) mit einer Verbreitung von insgesamt etwa 20 Prozent deutlich hinter Konkurrenzprodukten wie Real Player (bis zu 80 Prozent), Microsoft Media Player (circa 45 Prozent) und QuickTime (etwa 25 Prozent). Die EU-Kommission folgte dieser Argumentation jedoch nicht, da ihrer Meinung nach gerade die leichte und unentgeltliche Beschaffbarkeit der Music-Player bewirkt hätte, dass die Menge an verfügbaren Musiktiteln, die kompatibel mit einem Player sind, auch dessen Erfolg bestimmt hätten. Wenn AOL/Time Warner und seine Partnerunternehmen – Bertelsmann hatte sich im Kooperationsvertrag verpflichtet, seine Onlinemusikrechte kompatibel zum AOL Produkt WinAmp zu gestalten beziehungsweise räumt AOL das Recht ein, die Titel exklusiv zu re-formatieren – demnach den Rechtemarkt dominiert hätten und ihre Musiktitel nur noch im AOL-Format angeboten hätten, hätte die Gefahr bestanden, dass die Konkurrenten gezwungen worden wären, das AOL-Format zu vorgegebenen Konditionen zu adaptieren oder den Markt zu verlassen.

AOL/Time Warner hätte einen eigenen Standard am Markt durchsetzen und für die Konkurrenz unangreifbar machen können. Daher kam die EU-Kommission zu dem Schluss, dass durch die Fusion AOL/Time Warner eine marktbeherrschende Stellung im Markt für Onlinemusik-Software entstanden wäre.[70]

Auf die im Zuge des Prüfverfahrens durch die EU-Kommission deutlich hervorgehobenen Wettbewerbsbedenken reagierten die fusionswilligen Unternehmen, indem sie Vorschläge machten, welche die wettbewerbspolitischen Bedenken zerstreuen sollten. Die EU-Kommission betrachtete diese Zugeständnisse als ausreichend und legte sie als Auflagen für die Genehmigung der Fusion fest. Kernbestandteil der Auflagen ist erstens, dass Bertelsmann AOL Europe und AOL CompuServe France als Anteilseigner verlässt und bis dahin seine Eigentümer- und Kontrollrechte ruhen lässt und zweitens, dass das Kooperationsabkommen zwischen AOL und Bertelsmann weit reichend

---

70 Vgl. *European Commission* (2000), Seite 17, Ziff. 65.

gelockert wird. Insbesondere verzichtet AOL/Time Warner darauf, Bertelsmann-Musikrechte exklusiv für AOL Standards zu nutzen und konkurrierenden Standards den Zugang zu diesen Titeln zu verweigern. Darüber hinaus befreit AOL/Time Warner Bertelsmann von der Pflicht zur Werbung neuer AOL-Kunden und verzichtet auf eine exklusive Vermarktung von Bertelsmann-Inhalten auf AOL-Seiten.

Ob diese Auflagen ausreichen, die Erringung einer marktmächtigen Position durch AOL/Time Warner zu verhindern, ist unklar. Die Marktstellung von AOL/Time Warner auf den Märkten für Content Providing und Onlinemusik-Software hat sich nach der erfolgten Fusion zwar zunächst verstärkt, aber eine marktbeherrschende Stellung ist hierdurch wohl nicht entstanden.

Fusionen und Unternehmenskonzentration auf Zukunftsmärkten sind für die Wettbewerbspolitik schwer zu beurteilen. Einerseits ist die Marktentwicklung nicht vorhersehbar, und im Zuge der Innovationsdynamik können sich aus heutiger Sicht festgestellte Wettbewerbsbeschränkungen in der Zukunft als unbedeutend erweisen. Der Trade Off von statischer und dynamischer Effizienz kann hier eine wichtige Rolle spielen. Andererseits ist die zukünftige Marktdynamik in neuen Märkten insbesondere dann nicht zwangsläufig, wenn über das Setzen von Standards Marktzutrittsbarrieren geschaffen werden. Damit wird zwar nicht unbedingt die Innovationsdynamik an sich ausgeschaltet, aber die Richtung und Art der Innovationen wird kanalisiert: Fortschritt findet dann nur noch innerhalb des gesetzten Standards statt, und alternative Technologien, Ideen und Produkte, die nicht kompatibel zu diesem Standard sind, stellen keinen Bestandteil des Innovationsprozesses mehr dar. Die Beurteilung zukünftiger Wettbewerbseffekte in dynamischen Märkten ist ein schwerwiegendes Problem für die Wettbewerbspolitik, zu dessen Lösung auch in der wettbewerbstheoretischen und wettbewerbspolitischen Forschung noch keine hinreichenden Konzepte vorliegen.[71]

3. Ist die europäische Fusionskontrolle bei internationalen Megafusionen wirksam?

Die europäische Fusionskontrolle funktioniert insofern gut, als sie für alle internationalen Megafusionen zuständig ist, die sich negativ auf den Wettbewerb innerhalb der EU auswirken können. Die europäische Wettbewerbspolitik geht dabei vom Auswirkungsprinzip aus. Entscheidend ist nicht, wo eine Wettbewerbsbeschränkung stattfindet oder ob europäische Unternehmen beteiligt sind; vielmehr kommt es nur darauf an, ob sich eine irgendwo stattfindende Wettbewerbsbeschränkung auf europäische Märkte auswirken kann. Insofern hat die EU auch beansprucht, den Zusammenschluss der beiden US-amerikanischen Flugzeughersteller Boeing und McDonnell Douglas zu kontrollieren. Davon unabhängig sind die Fragen nach der Qualität der europäischen Fusionskontrollentscheidungen und dem Ausmaß ihrer Durchsetzbarkeit zu beantworten. Zunächst soll eine Bilanz der europäischen Fusionskontrolle nach über elf Jahren Praxis gezogen werden.[72]

Der europäischen Fusionskontrolle ist es gelungen, ein sehr zügiges, aber gleichzeitig effektives Verfahren für die Prüfung von Zusammenschlüssen zu etablieren. Die Schnelligkeit der europäischen Fusionskontrollverfahren hat neue Maßstäbe gesetzt. Positiv ist weiter hervorzuheben, dass sich die Kommission durch

---

71 Vgl. zu einer Vertiefung dieser Problematik *Audretsch/Baumol/Burke* (2001) und die dort zitierte Literatur.

72 Vgl. zum folgenden *Kerber* (1994, 2000), *Cook/Kerse* (2000), *Europäische Kommission* (2001), *Schmidt/Schmidt* (1997), Seiten 63 ff., *Schmidt* (1999).

die Veröffentlichung der Entscheidungen und eine Anzahl von Mitteilungen über die Grundsätze ihrer Prüfung um eine hohe Transparenz ihrer Entscheidungen und der in ihnen verwendeten Kriterien bemüht. Die Prüfungspraxis orientiert sich stark an ökonomischen Theorien, so dass die bei den Entscheidungen verwendeten Argumentationen und Kriterien wissenschaftlich fundiert sind. Es ist in der europäischen Fusionskontrollpraxis gelungen, einen relativ klaren, festen Kriterienkatalog zu entwickeln, so dass eine recht hohe Vorhersehbarkeit vieler Entscheidungen möglich ist. Positiv ist auch zu vermerken, dass trotz vieler Diskussionen bei der Einführung der europäischen Fusionskontrolle industriepolitische Erwägungen bisher keine Rolle spielten. Allerdings schließt dies nicht aus, dass bei einzelnen Fusionskontrollentscheidungen auch industriepolitische Interessen berücksichtigt wurden, wie das beispielsweise im Fall Boeing/McDonnell Douglas von US-amerikanischer Seite vermutet wurde.

Auf der anderen Seite sind gegenüber der Praxis der europäischen Fusionskontrolle aber auch erhebliche kritische Einwände zu machen:

☐ Eine zentrale Frage ist, ob die europäische Fusionskontrolle nicht generell zu großzügig in der Genehmigung von Zusammenschlüssen ist. Unbestritten ist die deutsche Fusionskontrolle in der Tendenz restriktiver. Dies kommt auch darin zum Ausdruck, dass Unternehmen Zusammenschlüsse lieber von der Kommission in Brüssel als vom Bundeskartellamt in Bonn prüfen lassen.

☐ Die Praxis der Kommission, viele problematische Zusammenschlüsse nach Zusagen der Unternehmen und Auflagen letztlich doch zu genehmigen, ist kritisch. Dieses scheinbar pragmatische Vorgehen, das sich in regelrechten Aushandlungsprozessen zwischen den beteiligten Unternehmen und der Kommission niederschlägt, hat stark interventionistische Züge und ist aus ordnungspolitischer Sicht fragwürdig.

❏ Versuche von Regierungen der Mitgliedstaaten, bei Verfahren der europäischen Fusionskontrolle Druck auf die Kommission auszuüben, sind besonders problematisch.[73] Der Vorschlag, nach dem Vorbild des Bundeskartellamts ein unabhängiges europäisches Kartellamt einzuführen, ist bisher auf breite Ablehnung gestoßen.

Trotz aller Probleme und umstrittener Entscheidungen im Einzelfall ist die Bilanz der europäischen Fusionskontrolle aber positiv. Es ist der EU-Kommission gelungen, eine hohe Reputation für ihre Professionalität, ökonomische Kompetenz und Durchsetzungsfähigkeit aufzubauen. Insofern leistet sie einen wesentlichen Beitrag für die Sicherung des Wettbewerbs in Europa.

Nicht thematisiert haben wir bisher die speziellen Probleme, die sich bei internationalen Megafusionen für die europäische Fusionskontrolle ergeben. Hierbei treten vor allem zwei Gruppen von Problemen auf:[74]

❏ Haben die am Zusammenschluss beteiligten Unternehmen ihren Sitz außerhalb der EU, so kann die europäische Fusionskontrolle ihre innerhalb der EU umfangreichen Rechte nicht durchsetzen. Dies betrifft vor allem Auskunftsrechte sowie die Durchsetzung von Untersagungen oder von Bußgeldern. Eine Möglichkeit, dieses Problem zu lösen, besteht in der intensiveren

---

[73] So hat beispielsweise die deutsche Bundesregierung im Fall Kali+Salz/MdK/Treuhand, bei dem es um die Erhaltung eines industriellen Kerns in Ostdeutschland nach der Wiedervereinigung ging, und im Fall Mercedes-Benz/Kässbohrer (Markt für Überlandbusse) mit Erfolg interveniert, obwohl in beiden Fällen durch die jeweiligen Fusionen erhebliche Wettbewerbsprobleme entstanden (*Schmidt*, 2000, Seiten 20ff.); vgl. ausführlicher insbesondere *Schmidt* (1999).

[74] Vgl. allgemein *Monopolkommission* (1998), Tz. 710 ff., *Basedow* (1998) und *Kerber* (1999).

Kooperation – Informationsaustausch, Amtshilfe – zwischen den Wettbewerbsbehörden verschiedener Staaten.

☐ Internationale Megafusionen wirken sich auf den Wettbewerb in vielen Ländern aus. Folglich müssen für die Zusammenschlüsse gleichzeitig Fusionskontrollverfahren in verschiedenen Ländern durchgeführt werden. So haben alle drei Fälle – Daimler-Benz/Chrysler, Boeing/McDonnell Douglas und AOL/Time Warner – auch die US-amerikanische Fusionskontrolle durchlaufen müssen. Hieraus ergeben sich zum einen erhebliche Aufwendungen seitens der am Zusammenschluss beteiligten Unternehmen, zum anderen aber folgt hieraus die Gefahr unterschiedlicher und unter Umständen widersprüchlicher Entscheidungen. Dies wurde am Beispiel des Zusammenschlusses Boeing/McDonnell Douglas deutlich, der von den US-amerikanischen Antitrustbehörden problemlos genehmigt wurde, während im Rahmen des parallel verlaufenden europäischen Fusionskontrollverfahrens erhebliche Wettbewerbsprobleme identifiziert wurden. Sowohl die nur begrenzte Durchsetzbarkeit einer europäischen Untersagung des Zusammenschlusses Boeing/McDonnell Douglas als auch die Widerstände der US-amerikanischen Regierung[75] haben die Kommission in diesem Fall zu Kompromissen in ihrer Auflagenentscheidung gezwungen.

Aus diesen Überlegungen folgt für die Beantwortung unserer Leitfrage nach den wettbewerbspolitischen Kontrollmöglichkeiten gegenüber internationalen Megafusionen, dass die europäische Fusionskontrolle gegenüber Wettbewerbsbeschränkungen, die durch internationale Megafusionen entstehen, unter Umständen nur eine eingeschränkte Wirkung entfalten kann.

---

75 Es kam zu einer zwischenzeitlich durchaus heftigen öffentlichen Auseinandersetzung, in der namhafte US-amerikanische Politiker für den Fall einer Untersagung der Fusion durch die Europäische Kommission unter anderem mit handelspolitischen Sanktionen drohten.

4. Brauchen wir eine internationale Wettbewerbspolitik?

Bereits bei der Gestaltung der Weltwirtschaftsordnung nach dem Zweiten Weltkrieg stand die Frage nach einer internationalen Wettbewerbspolitik auf der Tagesordnung. Die so genannte Havanna-Charta sah 1948 die Errichtung einer International Trade Organization (ITO) vor, welche sowohl für den Abbau von Außenhandelsbeschränkungen als auch für die Kontrolle internationaler privater Wettbewerbsbeschränkungen zuständig sein sollte. Allerdings wurde nach Widerständen insbesondere in den USA lediglich der Bereich der Außenhandelsliberalisierung umgesetzt und zwar in Form des GATT (General Agreement on Tariffs and Trade). 1995 wurde das GATT in die neugeschaffene Welthandelsorganisation (World Trade Organization, WTO) integriert. Die WTO ist generell für den Abbau und die Kontrolle staatlicher Wettbewerbsbeschränkungen im internationalen Handel mit Waren und Dienstleistungen (GATT und GATS) sowie für die internationale Wahrung von geistigen Eigentumsrechten wie Markennamen, Urheberrechten und Patenten (TRIPS) zuständig.[76]

Im Zuge der fortschreitenden Globalisierung ist in den 1990er Jahren wieder Leben in die Diskussion um eine internationale Wettbewerbspolitik gekommen. Dabei haben sich drei prinzipielle Wege zu einer wirksamen und weitgehend konfliktfreien internationalen Wettbewerbspolitik herauskristallisiert.[77] Erstens könnte ein einheitliches globales Wettbewerbsrecht ge-

---

[76] Zur Welthandelsorganisation und Welthandelsordnung vgl. beispielsweise *Jackson* (1997), *Trebilcock/Howse* (1999), *Beise* (2001) und *Yüksel* (2001).

[77] Für eine vertiefende Diskussion der nachfolgenden Darstellung vgl. *Basedow* (1998), *Kerber* (1999) und *Budzinski* (2002a, 2002b) sowie die dort zitierte Literatur.

schaffen werden, das unmittelbar in allen Ländern Anwendung findet und durch eine Weltwettbewerbsbehörde durchgesetzt wird. Eine derartige Lösung ist allerdings unrealistisch, weil sie international nicht konsensfähig ist. Weder besteht gegenwärtig bei den wichtigen Nationen genügend Bereitschaft, zu Gunsten einer internationalen Wettbewerbsbehörde auf die eigene wettbewerbspolitische Souveränität zu verzichten, noch herrscht Einigkeit darüber, was solche internationalen Wettbewerbsregeln beinhalten sollen.

Das Ziel einer konsistenten internationalen Wettbewerbspolitik könnte zweitens über eine schrittweise Konvergenz der nationalen Wettbewerbspolitiken verfolgt werden. In diese Richtung zielte beispielsweise der Vorschlag eines International Antitrust Codes (IAC, 1993) durch die so genannte Münchner Gruppe, bestehend aus internationalen Wissenschaftlern, vornehmlich Wettbewerbsjuristen. Er sieht vor, verbindliche Mindeststandards für die nationalen Wettbewerbspolitiken sowie internationale Koordinierungs- und Schlichtungsverfahren einzuführen, die unter dem Dach der WTO angesiedelt sein sollen.[78] Da 1995 auch eine Gruppe von Wettbewerbsexperten im Auftrag der EU zu ähnlichen Vorschlägen gelangte, setzte die EU ein Jahr später auf der WTO Ministerkonferenz in Singapur die Gründung einer WTO Working Group on the Interaction of Trade and Competition durch, die das Feld für spätere Verhandlungen über internationale Wettbewerbsregeln im Rahmen der WTO bereiten sollte. Zwar ist diese Arbeitsgruppe bis heute tätig, eine Aufnahme konkreter Verhandlungen scheiterte bislang aber trotz erheblichen EU-Engagements insbesondere an der mangelnden Bereitschaft der USA sowie vieler Entwicklungsländer, die bisher häufig gar nicht über eigene Wettbewerbsgesetze verfügen. Allerdings ist positiv hervorzuheben, dass die beratende und unterstützende Arbeit der WTO in den letzten Jahren dazu

---

78 Vgl. *Fikentscher/Immenga* (1995).

beigetragen hat, dass sich die Anzahl der Staaten mit eigenen Wettbewerbsgesetzen mehr als verdreifacht hat. So verfügten Anfang 2002 immerhin fast 90 der gegenwärtig 145 WTO-Mitglieder über funktionsfähige oder im Aufbau befindliche nationale Wettbewerbsregeln.

Als dritter Weg zu einer konsistenten internationalen Wettbewerbspolitik kann ein Ausbau des bisherigen Systems der Anwendung des Auswirkungsprinzips gekoppelt mit einer verstärkten Kooperation der Wettbewerbsbehörden bei Fällen grenzüberschreitender Wettbewerbsbeschränkungen betrachtet werden. Langfristig kann dabei eine internationale Verfahrensordnung entstehen, die zwar nicht die eigentlichen Wettbewerbsregeln vereinheitlicht, aber die Zuständigkeiten und Verfahrensabläufe – beispielsweise im Rahmen der Fusionskontrolle – so miteinander abstimmt und koordiniert, dass widersprüchliche Entscheidungen und Mehrfachzuständigkeiten reduziert werden.

Auf eine solche verstärkte Zusammenarbeit der Wettbewerbsbehörden setzen vor allem die USA. Auf ihre Initiative hin wurde am 25. Oktober 2001 in New York das International Competition Network (ICN) gegründet.[79] Damit wurde ein Forum für das Entstehen eines Netzwerkes von nationalen und internationalen Wettbewerbsbehörden geschaffen, welches über einen freiwilligen und unverbindlichen, aber permanenten und systematischen Meinungsaustausch eine Konvergenz der wettbewerbspolitischen Praxis bewirken soll. Bis Ende 2002 sind mehr als 70 Wettbewerbsbehörden dem ICN beigetreten, darunter neben den USA auch die EU, Deutschland, Japan, Russland, aber auch eine Reihe von Entwicklungsländern wie beispielsweise Kenia und Südafrika. Auf der Agenda des ICN stehen zunächst zwei Themenkreise: erstens eine Vertiefung der Kooperation bei internationalen Unternehmenszusammenschlüssen, insbesondere bezüglich des Informationsaustausches, der Ver-

---

79 Für eine genauere Beschreibung siehe *Budzinski/Christiansen* (2003).

fahrensabläufe und der Fristengestaltung, und zweitens die Förderung und Unterstützung junger Wettbewerbsbehörden, insbesondere in Entwicklungsländern.

Bei der ersten Schwerpunktsetzung innerhalb des ICN geht es vor allem um zwei Aspekte:

- Die Effizienz der wettbewerbspolitischen Kontrolle könnte gesteigert werden, wenn die Wettbewerbsbehörden eine gemeinsame Tatsachenfeststellung betreiben, das heißt sämtliche relevante Informationen über die beteiligten Unternehmen austauschen würden. Damit könnten Ermittlungs- und Informationsbeschaffungsprobleme vermindert werden, wenn die beteiligten Wettbewerbsbehörden die in ihrem Land ansässigen fusionswilligen Unternehmen untersuchen und die Informationen an die anderen Wettbewerbsbehörden weitergeben. So wären auch Auflagen oder Verbote gegenüber internationalen Megafusionen besser durchzusetzen.
- Fusionswillige Unternehmen könnten profitieren, wenn die Verfahrensabläufe der nationalen Fusionskontrollen international angeglichen werden, so dass nicht eine Vielzahl verschiedener Antragsprozeduren notwendig ist. Zudem würde ein intensiver Informationsaustausch zwischen den prüfenden Wettbewerbsbehörden zu einer Beschleunigung der Gesamtverfahrenslänge beitragen und die Wahrscheinlichkeit widersprüchlicher Auflagen vermindern.

Über die gegenwärtigen Bestrebungen innerhalb des ICN hinaus ist es vorstellbar, dass nicht alle betroffenen Wettbewerbsbehörden eine internationale Megafusion prüfen. Stattdessen könnte man sich auf internationale Verfahrensregeln einigen, durch die eine verfahrensführende Wettbewerbsbehörde bestimmt wird – beispielsweise auf der Basis der Herkunftsländer der fusionierenden Unternehmen oder der am stärksten betroffenen Märkte. Diese Wettbewerbsbehörde könnte dann für alle betroffenen Länder die wettbewerblichen Wirkungen der Fusion prüfen und damit das Fusionskontrollverfahren stellvertretend für alle anderen Wettbewerbsbehörden durchführen.

Da dies jedoch einen zurzeit nicht vorhandenen Konsens über die Beurteilungskriterien in der Fusionskontrolle voraussetzt, ist unklar, ob die Länder bereit sein werden, durch Einigung auf solche Verfahrensregeln ihr Recht auf eine eigenständige Kontrolle von internationalen Fusionen an eine ausländische Wettbewerbsbehörde abzugeben. Das Problem liegt dabei nicht nur in unterschiedlichen Auffassungen über die richtige Wettbewerbspolitik, sondern vor allem auch darin, dass viele Länder mit ihrer Wettbewerbspolitik noch andere, oftmals industriepolitische Interessen verfolgen. Gerade letzteres dürfte das ICN mit seinem in hohem Maße unverbindlichen Charakter zukünftig vor erhebliche Probleme stellen.

Insgesamt ist festzuhalten, dass auf Grund der Probleme, die sich aus rein nationalen Wettbewerbspolitiken durch Konflikte und der mangelnden Durchsetzbarkeit von wettbewerbspolitischen Entscheidungen im Ausland ergeben, internationale Regelungen in Bezug auf die Wettbewerbspolitik notwendig sind. Dies betrifft vor allem das hier behandelte Problem von internationalen Megafusionen, aber auch von internationalen Kartellen.

Das erfordert keinesfalls eine supranationale, globale Wettbewerbspolitik mit einem eigenen Weltkartellamt. Ein solcher zentralistischer Weg ist weder realistisch noch zweckmäßig, da in einem stärker dezentralisierten internationalen System die langfristigen Vorteile aus der Vielfalt unterschiedlicher wettbewerbsrechtlicher Regelungen erheblich besser genutzt werden können. Vor dem Hintergrund mangelnden Wissens über die richtigen Wettbewerbsregeln und der erheblichen Dynamik der Märkte ermöglicht eine gewisse Vielfalt die Entwicklung neuer und konkurrierender Wettbewerbsregeln, wodurch Lernprozesse bezüglich besserer Wettbewerbspolitiken gefördert werden. Ein vielfältiges System ist zudem offener für die zukünftige Umsetzung neuer Erkenntnisse der Wettbewerbstheorie und flexibler gegenüber neuen, in der wettbewerblichen Praxis entstehenden Arten privater Wettbewerbsbeschränkungen.

Es sollten somit zwar internationale Regeln zur besseren Bekämpfung von internationalen Wettbewerbsbeschränkungen angestrebt werden. Diese sollten sich aber vor allem auf Verfahrensregeln beziehen, die helfen, Konflikte zwischen nationalen Wettbewerbsbehörden zu vermeiden, die Kosten paralleler Verfahren zu reduzieren und die Durchsetzbarkeit von wettbewerbsrechtlichen Entscheidungen zu erhöhen. Insofern könnte man davon sprechen, dass eine Zwei-Ebenen-Wettbewerbsordnung etabliert werden sollte, mit internationalen Verfahrensregeln auf der globalen Ebene und den konkret anzuwendenden nationalen Wettbewerbsgesetzen auf der nationalen Ebene.[80] Eine solche internationale Zwei-Ebenen-Wettbewerbsordnung könnte sich pragmatisch und schrittweise aus der gegenwärtigen wettbewerbspolitischen Praxis der internationalen Kooperation zwischen den Wettbewerbsbehörden entwickeln lassen. Dabei könnte das International Competition Network trotz seines sehr unverbindlichen Charakters eine hilfreiche Rolle spielen.

---

80 Vgl. ausführlicher *Kerber* (1999, 2003b) und *Budzinski* (2002a). In Bezug auf die EU würde sogar eine Drei-Ebenen-Wettbewerbsordnung entstehen, da es dann neben der einzuführenden internationalen Ebene sowohl das europäische Wettbewerbsrecht als auch – eine Stufe tiefer – die Wettbewerbsgesetze der einzelnen Mitgliedstaaten der EU gäbe (wie beispielsweise das GWB in Deutschland).

Literatur

Albers, Michael (1999), Kommentierung zu Art. 2 FKVO, in: *Groeben, Hans/Thiesing, Jochen/Ehlermann, Claus-Dieter* (Hrsg.), Kommentar zum EU-/EG-Vertrag, Bd. 2/II, 5. Aufl., Baden-Baden, S. 1162–1342.

Audretsch, David B. (1995), Innovation and Industry Evolution, Cambridge/Mass.

Audretsch, David B./Baumol, William J./Burke, Andrew E. (2001), Competition Policy in Dynamic Markets, in: International Journal of Industrial Organization, Vol. 19 (5), S. 613–634.

Bain, Joe S. (1956), Barriers To New Competition, Cambridge, Mass.

Basedow, Jürgen (1998), Weltkartellrecht – Ausgangslage und Ziele, Methoden und Grenzen der internationalen Vereinheitlichung des Rechts der Wettbewerbsbeschränkungen, Tübingen.

Baumol, William J./Panzar, John C./Willig, Robert D. (1982), Contestable Markets and the Theory of Industry Structure, New York.

Beise, Marc (2001), Die Welthandelsorganisation (WTO): Funktion, Status, Organisation, Baden-Baden.

Berg, Hartmut (1999), Wettbewerbspolitik, in: *Bender, Dieter u.a.* (Hrsg.), Vahlens Kompendium der Wirtschaftstheorie und Wirtschaftspolitik, Bd. 2, 7. Aufl., München, S. 299–362.

Berg, Hartmut/Müller, Jens (1997), Advantage Boeing – Der Zusammenschluss Boeing/McDonnell Douglas und seine Konsequenzen für die Wettbewerbsposition von Airbus Industries, in: List Forum für Wirtschafts- und Finanzpolitik, Vol. 23 (1), S. 1–9.

Berg, Hartmut/Rott, Armin U. (1999), Daimler-Chrysler – Ein Unternehmenszusammenschluß neuer Qualität?, in: Wirtschaft und Wettbewerb, Vol. 49 (2), S. 140–149.

Bork, Robert H. (1978), The Antitrust Paradox: A Policy at War with Itself, New York.

Budzinski, Oliver (2002a), Internationale Wettbewerbspolitik zwischen Zentralität und Dezentralität, in: *Schüller, Alfred/Thieme, H. Jörg* (Hrsg.), Ordnungsprobleme der Weltwirtschaft, Stuttgart, S. 469–493.

Budzinski, Oliver (2002b), Perspektiven einer internationalen Politik gegen Wettbewerbsbeschränkungen, in: List Forum für Wirtschafts- und Finanzpolitik, Vol. 28 (3), S. 233–252.

Budzinski, Oliver/ Christiansen, Arndt (2003), Neue Initiativen für eine internationale Wettbewerbspolitik, in: Orientierungen zur Wirtschafts- und Gesellschaftspolitik, Hrsg.: Ludwig-Erhard-Stiftung, Heft 95., S. 14–21.

Cabral, Luís M. (2000), Introduction to Industrial Organization, Cambridge/Mass.

Clark, John M. (1940), Toward a Concept of Workable Competition, in: American Economic Review, Vol. 30, S. 241–256.

Cook, C. John /Kerse, Christopher S. (1996), EEC Merger Control Regulation 4064/89, 2. Aufl., London.

Demsetz, Harold (1982), Barriers to Entry, in: American Economic Review, Vol. 72, S. 47–57.

Deregulierungskommission (1991), Marktöffnung und Wettbewerb, Stuttgart.

Drauz, Götz/Schroeder, Dirk (1995), Praxis der Europäischen Fusionskontrolle, 3. Aufl., Köln.

Elßer, Stefan (1993), Innovationswettbewerb. Determinanten und Unternehmensverhalten, Frankfurt am Main.

Emmerich, Volker (2001), Kartellrecht, 9. Aufl., München.

Erlei, Mathias/Siemer, J. Philipp (2002), Die Vereinigten Staaten vs. Microsoft – Missbrauch von Marktmacht oder dynamischer Wettbewerb?, in: Das Wirtschaftsstudium, Bd. 31 (11), S. 1445–1452.

Eucken, Walter (1952), Grundsätze der Wirtschaftspolitik, Tübingen.

European Commission (1997), Case No IV/M. 877 – Boeing/McDonnell Douglas, Regulation (EEC) No 4064/89 Merger Procedure, Brüssel.

European Commission (1998), Case No IV/M.1204 – Daimler-Benz/Chrysler, Regulation (EEC) No 4064/89 Merger Procedure, Brüssel.
European Commission (2000), Case No COMP/M.1845 – AOL/Time Warner, Regulation (EEC) No 4064/89 Merger Procedure, Brüssel.
Europäische Kommission (1994), Wettbewerb und Integration. Die Fusionskontrollpolitik der Gemeinschaft, in: Europäische Wirtschaft, Nr. 57, S. 1–385.
Europäische Kommission (2001), Grünbuch über die Revision der Verordnung (EWG) Nr. 4064/89 des Rates, Brüssel.
Federal Trade Commission (1997), The Boeing Company/McDonnell Douglas Corporation, in: Wirtschaft und Wettbewerb, Vol. 47 (9), S. 705–708.
Ferguson, Paul R./Ferguson, Glenis J. (1994), Industrial Economics, 2. Aufl., Houndsmill und London.
Fikentscher, Wolfgang/Immenga, Ulrich (1995, Hrsg.), Draft International Antitrust Code, Baden-Baden.
Fleischer, Holger/Doege, Niels (2000), Der Fall United States v. Microsoft – Zwischenbilanz eines kartellrechtlichen Jahrhundertverfahrens, in: Wirtschaft und Wettbewerb, Jg. 50 (7–8), S. 705–717.
Grimes, Warren S. (2002), The Antitrust Tying Law Schism: A Critique of Microsoft III, in: Antitrust Law Journal, Vol. 70, S. 199–229.
Gey, Peter (2001), Das Berufungsurteil in Sachen Microsoft – Kartellrecht in dynamischen Technologiemärkten, in: Wirtschaft und Wettbewerb, Jg. 51 (10), S. 933–944.
Gifford, Daniel J./Sullivan, Thomas (2000), Can International Antitrust be Saved for the Post-Boeing-Merger World?, in: The Antitrust Bulletin, Vol. 45 (1), S. 55–118.
Fox, Eleanor M. (1998), Antitrust Regulation Across National Borders: The United States of Boeing versus the European Union of Airbus, in: The Brookings Review, Vol. 16 (1), S. 30–32.

Gundlach, Erich/Klodt, Henning/Langhammer, Rolf J./Soltwedel, Rüdiger (1995), Fairness im Standortwettbewerb? Auf dem Weg zu einer internationalen Ordnungspolitik, Kiel.

Hardt, Michael/Negri, Antonio (2000), Empire – Die neue Weltordnung, Frankfurt a.M.

Hayek, Friedrich August von (1968), Der Wettbewerb als Entdeckungsverfahren, Kiel.

Herdzina, Klaus (1999), Wettbewerbspolitik, 5. Aufl., Stuttgart.

Heuss, Ernst (1965), Allgemeine Markttheorie, Tübingen.

Hoppmann, Erich (1967), Wettbewerb als Norm der Wettbewerbspolitik, in: ORDO, Bd.18, S. 77–94.

Jackson, John H. (1997), The World Trading System, 2. Aufl., Cambridge/MA.

Jansen, Stephan A. (2001), Mergers & Acquisitions, 4. Aufl., Wiesbaden.

Kantzenbach, Erhard/Kottmann, Elke/Krüger, Reinald (1996), Kollektive Marktbeherrschung: Neue Industrieökonomik und Erfahrungen aus der Europäischen Fusionskontrolle, Baden-Baden.

Kaserman, David L /Mayo, John W. (1995), Government and Business – The Economics of Antitrust and Regulation, Fort Worth.

Kerber, Wolfgang (1989), Evolutionäre Marktprozesse und Nachfragemacht: Das Nachfragemachtproblem im Rahmen einer evolutionären Spielraumanalyse und Kritik seiner bisherigen wettbewerbspolitischen Behandlung, Baden-Baden.

Kerber, Wolfgang (1994), Die Europäische Fusionskontrollpraxis und die Wettbewerbskonzeption der EG, Bayreuth.

Kerber, Wolfgang (1997), Wettbewerb als Hypothesentest – Eine evolutorische Konzeption wissenschaffenden Wettbewerbs, in: *Delhaes, Karl von /Fehl, Ulrich* (Hrsg.), Dimensionen des Wettbewerbs – Seine Rolle in der Entstehung und Ausgestaltung von Wirtschaftsordnungen, Stuttgart, S. 29–78.

Kerber, Wolfgang (1999), Wettbewerbspolitik als nationale und internationale Aufgabe, in: *Apolte, Thomas/Caspers, Rolf/Wel-*

Jens, Paul J. J. (Hrsg.), Standortwettbewerb, wirtschaftspolitische Rationalität und internationale Ordnungspolitik, Baden-Baden, S. 241–269.

Kerber, Wolfgang (2000), Europäische Fusionskontrolle: Entwicklungslinien und Perspektiven, in: *Oberender, Peter* (Hrsg.), Die Europäische Fusionskontrolle, Berlin, S. 69–97.

Kerber, Wolfgang (2003a), Wettbewerbspolitik, in: *Bender, Dieter u.a.* (Hrsg.), Vahlens Kompendium der Wirtschaftstheorie und Wirtschaftspolitik, Bd. 2, 8. Aufl., München, S. 297–361.

Kerber, Wolfgang (2003b), An International Multi-Level System of Competition Laws: Federalism in Antitrust, in: Drexl, Josef (Hrsg.), The Future of Transnational Antitrust – From Comparative to Common Competition Law, Bern, im Druck.

Kerber, Wolfgang/Budzinski, Oliver (2001), Wettbewerbspolitik – Zum Problem wachsender Unternehmenskonzentration auf globalisierten Märkten, in: *Koch, Lambert T.* (Hrsg.), Wirtschaftspolitik im Wandel, München, S. 245–272.

Khemani, Shyam/Waverman, Leonard (1997), Strategic Alliances – A Threat to Competition?, in: *Waverman, Leonard/Comanor, William S./Goto, Akira* (Hrsg.), Competition Policy in the Global Economy, London, S. 127–151.

Kleinert, Jörn/Klodt, Henning (2000), Megafusionen – Trends, Ursachen und Implikationen, Tübingen.

Knieps, Günter (2001), Wettbewerbsökonomie – Regulierungstheorie, Industrieökonomie, Wettbewerbspolitik, Berlin.

Leibenstein, Harvey (1966), Allocative Efficiency v. X-Inefficiency, in: American Economic Review, Vol. 56 (2), S. 392–415.

Leibenstein, Harvey (1992), X-Inefficiency after a Quarter of a Century, in: American Economic Review, Vol. 82 (2), S. 428–445.

Mantzavinos, Chrysostomos (1994), Wettbewerbstheorie – Eine kritische Auseinandersetzung, Berlin.

Martin, Stephen (2002), Advanced Industrial Economics, 2. Aufl., Cambridge.

Metcalfe, John Stanley (1989), Evolution and Economic Change, in: *Silberston, Aubrey* (Hrsg.), Technology and Economic Progress, Houndsmill, S. 544–585.

Monopolkommission (1998), Marktöffnung umfassend verwirklichen – Hauptgutachten 1996/97, Baden-Baden.

Monopolkommission (2000), Wettbewerbspolitik in Netzstrukturen – Hauptgutachten 1998/99, Baden-Baden.

Mueller, Dennis C. (1996), Antimerger Policy in the United States – History and Lessons, in: Empirica, Vol. 23 (3), S. 229–253.

Müller, Margrit (1999), Fusionen und Übernahmen aus historischer Sicht, in: *Siegwart, Hans/Neugebauer, Gregory* (Hrsg.), Mega-Fusionen – Analysen, Kontroversen, Perspektiven, 2. Aufl., Bern, S. 63–81.

Nader, Ralph (1997), FTC Approval of the Boeing-McDonnell Merger: The 'Collapse of Antitrust Enforcement', in: Antitrust Law & Economics Review, Vol. 27 (4), S. 105–110.

Neumann, Manfred (2000), Wettbewerbspolitik – Geschichte, Theorie und Praxis, Wiesbaden.

Ordover, Janusz A./Saloner, Garth (1989), Predation, Monopolization and Antitrust, in: *Schmalensee, Richard/Willig, Robert D.* (Hrsg.), Handbook of Industrial Organization, Vol. I, Amsterdam, S. 537–596.

Posner, Richard A. (1979), The Chicago School of Antitrust Analysis, in: University of Pennsylvania Law Review, Vol. 127, S. 925–948.

Prahalad, Carl K./Hamel, Gary (1990), The Core Competence of the Corporation, in: Harvard Business Review, May/June 1990, S. 79–91.

Ravenscraft, David J./Scherer, Frederic M. (1987), Mergers, Sell-Offs and Economic Efficiency, The Brookings Institution, Washington, D.C.

Röller, Lars-Hendrik/Stennek, Johan/Verboven, Frank (2000), Efficiency Gains from Mergers, Discussion Paper FS IV 00–09, Wissenschaftszentrum Berlin.

Röpke, Jochen (1977), Die Strategie der Innovation, Tübingen.

Rühli, Edwin/Schettler, Marc (1999), Ursachen und Motive von Mega-Fusionen – Betriebswirtschaftlich-theoretische Überlegungen, in: *Siegwart, Hans/Neugebauer, Gregory* (Hrsg.), Mega-Fusionen – Analysen, Kontroversen, Perspektiven, 2. Aufl., Bern, S. 195–210.

Safarian, A. Edward (1997), Trends in the Forms of International Business Organization, in: *Waverman, Leonard/Comanor, William S./Goto, Akira* (Hrsg.), Competition Policy in the Global Economy, London, S. 40–65.

Scherer, Frederic M./Ross, David (1990), Industrial Market Structure and Economic Performance, 3. Aufl., Boston.

Schmalensee, Richard (1989), Inter-Industry Studies of Structure and Performance, in: *Schmalensee, Richard/Willig, Robert D.* (Hrsg.), Handbook of Industrial Organization, Vol. II, Amsterdam, S. 951–1009.

Schmalensee, Richard/Willig, Robert D. (1989) (Hrsg.), Handbook of Industrial Organization, Amsterdam.

Schmidt, André (1999), Europäische Wettbewerbspolitik zwischen Prozeß- und Ergebnisorientierung: Zur Notwendigkeit institutioneller Reformen in der europäischen Wettbewerbspolitik, in: Jahrbücher für Nationalökonomie und Statistik, S. 433–452.

Schmidt, Ingo (2000), Die europäische Fusionskontrolle – eine Synopsis, in: *Oberender, Peter* (Hrsg.), Die Europäische Fusionskontrolle, Berlin, S. 69–97.

Schmidt, Ingo (2001), Wettbewerbspolitik und Kartellrecht, 7. Aufl., Stuttgart.

Schmidt, Ingo/Schmidt, André (1997), Europäische Wettbewerbspolitik, München.

Schumpeter, Joseph A. (1911/1952), Theorie der wirtschaftlichen Entwicklung, 5. Aufl., Berlin.

Shepherd, William G. (1997), The Economics of Industrial Organization, 4. Aufl., Englewood Cliffs.

Stiglitz, Joseph (2002), Die Schatten der Globalisierung, Berlin.

Trautwein, Friedrich (1990), Merger Motives and Merger Prescriptions, in: Strategic Management Journal, Vol. 11, S. 283–295.

Trebilcock, Michael J./Howse, Robert (1999), The Regulation of International Trade, 2. Aufl., London.

Weizsäcker, Carl Christian von (1998), Transnationale Fusionen aus der Sicht des Wettbewerbspolitikers, in: Wirtschaftsdienst, Vol. 78 (7), S. 386–389.

Wenger, Ekkehard (1999), Opportunistic Shareholders, Opportunistic Managers and Opportunistic Judges, in: Journal of Institutional and Theoretical Economics, Vol. 155, S. 128–135.

Wenger, Ekkehard (2000), Fusionitis und Globalisierung, in: Zeitschrift für Wirtschaftspolitik, Vol. 49 (2), S. 177–181.

Williamson, Oliver E. (1968), Economies as an Antitrust Defense – The Welfare Tradeoffs, in: American Economic Review, Vol. 58 (1), S. 18–36.

Williamson, Oliver E. (1985), The Economic Institutions of Capitalism, New York; deutsche Übersetzung: Die ökonomischen Institutionen des Kapitalismus, Tübingen 1990.

Williamson, Peter J. (1994), Oligopolistische Marktbeherrschung und EG-Fusionspolitik, in: Europäische Wirtschaft, Nr. 57, S. 143–206.

Wolf, Dieter (1999), International Mergers, in: *Zäch, Roger* (Hrsg.), Towards WTO Competition Rules, Bern, S. 205–210.

Yüksel, Ali Sait (2001), Welthandelsorganisation WTO (GATT): Aufgaben, Aktivitäten, EU-Beziehungen – ein Hand- und Lehrbuch, Frankfurt a. M.

Register

Personen

Böhm, Franz 29
Case, Steve 21
Esser, Klaus 51
Eucken, Walter 29
Gent, Chris 51
Hayek, Friedrich August von 29, 70
Reagan, Ronald 68
Schrempp, Jürgen 51
Schumpeter, Joseph A. 29, 69f.

Unternehmen

Adtranz 19, 47
AEG 47
Airbus 93f.,
America Online (AOL) 16, 17, 21ff., 45, 54, 56, 82, **96ff.**
Bertelsmann 22ff., 98ff.
Boeing **17ff.**, 53, 55, 70, **93ff.**
Chrysler 17, **19ff.**, 44ff., 50f., 53ff., 69, 82, **90ff.**, 105
Compuserve 23, 97f., 100
Daimler, DaimlerChrysler 17, **19ff.**, 44ff., 50f., 53ff., 69, 82, **90ff.**, 105
EMI Group 25, 99
Freightliner 19, 45
Hyundai Motor Company 21
Lycos Europe 24
Mannesmann 14, 16, 25, 47, 51
McDonnell Douglas (MDD) **17ff.**, 53, 56, 69, **93ff.**, 102f, 105
Microsoft 23, 59, **62ff.**, 71, 75, 100
Mitsubishi 21, 45
Netscape 22f., 63f., 97f.
Preussag 47
Time Warner 16f., **21**, 23ff., 54, 56, **96ff.**, 105
TUI 47
Vivendi 22
Vodafone 14, 16, 47, 51

Stichworte

abgestimmtes Verhalten 32f., 37,
Aktionäre 45, 49f.
Allokation, effiziente 28ff., 54, 74,
Analysten 46
Antitrust(politik) 35, 39, 77, 105, 107

Behinderungswettbewerb 34ff.
Bundeskartellamt 39, 41, 77, 103f.

Chicago Schule 66ff.
Contestable Markets 67

Deep Pocket-Strategie 78

Diversifizierung 47
Dumping 40, 78f.
Duopol 17, 54, 94ff.

Economies of Scale 64
Economies of Scope 46, 65
Equal Merger 14
Essential Facilities 77f.
EU-Kommission 19, 38f., 77, 83f., 88ff.
EWG-Vertrag 36

Freiburger Schule 29, 35
Fusion, horizontale 47, **55ff.**, 65, 68, 75f., 78, 80
Fusion, konglomerate 48, 55f., 65, 74, **78f.**, 80
Fusion, vertikale 48, 56, 65, **74ff.**, 80, 97
Fusionskontrolle 19, 21, 27, 36, **38f.**, 60f., 66, 68, 73, 82ff., 89ff., 102ff., 108ff.

Gatekeeper 76f., 99
General Agreement on Tariffs and Trade (GATT) 106
Gesetz gegen Wettbewerbsbeschränkungen (GWB) 35ff.
Global Player 10f., 53
Globalisierung 9f., 15, 48, 106

Harvard Schule 59ff., 66
Innovation 22, 27, 29, 31, 33, 43, 58, 61, **69f.**, 72ff., 78, 80, 101

International Competition Network (ICN) 108f.

Kartell 32f., 35ff., 110
Konzentration auf die Kernkompetenz 47, 78f.
kollusives Verhalten 34

Limitpreisstrategie 68, 78
Lobbyismus 41

Markt, relevanter 85f., 90f., 93, 97, 99, 109
Marktabgrenzung 86, 91, 93
marktbeherrschende Stellung 34ff., 62f., 71, 78, 83ff., 86ff., 90f., 92ff.
Marktmacht 33ff., 52, 54, **57ff.**, 63, 65ff., 70f., 75, 80, 99
Marktstruktur 58, 60f., 68, 71f., 80, 86
Marktzutritt 30, 48, 59, 62, 66ff., 76f., 78, 87, 97, 99, 101
Merger Task Force 83f., 88
Mergers & Acquisitions (M&A) 13
Ministererlaubnis 39
Missbrauchsaufsicht 35f., 40
Monopolkomission 55

Oligopol 33f., 58, 72, 87f.
Ordoliberalismus 35

Post Merger-Management 46f., 51

Preisdiskriminierung 75
Protektionismus 31
psychologische Faktoren 46, 49, 52, 80

Sherman Act 35
Structure-Conduct-Performance-Ansatz 60
Subventionen 31, 50, 93, 96
Synergieeffekte **42ff.**, 54, 64f., 77, 79, 95

Übernahmeangebot 50
Unternehmenswachstum, externes 41, 49
Unternehmenswachstum, internes 49, 55

Vertragsfreiheit 30

Wettbewerb, funktionsfähiger siehe Workable Competition

Wettbewerb, potenzieller 61, 67
Wettbewerbsbeschränkungen 27, 30ff., 76, 87f., 101, 105, 108, 110f.
Workable Competition 59
World Trade Organization (WTO) 106 ff.

X-Ineffizienz 46f., 68, 75, 78
Zusammenschluss siehe Fusion

Begriffserklärungen

Economies of Scale: Kostenvorteile durch Massenproduktion

Economies of Scope: Verbundvorteile, zum Beispiel durch Zusammenlegung von Verwaltungsabteilungen

Essential Facilities: Infrastruktureinrichtungen, die Wettbewerber aus technischen Gründen gemeinsam nutzen müssen wie das Telefonfestnetz, das Schienen- oder Stromnetz

Global Player: weltweit tätiges Unternehmen

Kollusives Verhalten: rechtswidrig abgestimmtes Verhalten von Unternehmen

Mergers & Acquisitions (M&A): „Verschmelzungen und Übernahmen"

Post Merger-Management: operative Umsetzung der angestrebten Ziele nach erfolgter Fusion

Workable Competition: wettbewerbstheoretischer Ansatz, der nach der optimalen Marktstruktur (wie der Zahl der Anbieter) fragt, die zu den besten Marktergebnissen führt

X-Ineffizienz: zu geringe Produktivität in Organisationen auf Grund von Bürokratie- und Motivationsproblemen

ORDO
Jahrbuch für die Ordnung von Wirtschaft und Gesellschaft
Band 53

Herausgegeben von

Hans Otto Lenel, Helmut Gröner, Walter Hamm, Ernst Heuß, Erich Hoppmann, Ernst-Joachim Mestmäcker, Wernhard Möschel, Josef Molsberger, Peter Oberender, Alfred Schüller, Viktor Vanberg, Christian Watrin, Hans Willgerodt

2002. XVI/528 S. gb. € 78,- / sFr 132,-. ISBN 3-8282-0209-8

Inhaltsübersicht

Walter Hamm
Finanzpolitik für die kommende Generation

Manfred E. Streit
Wirtschaftspolitik im demokratischen Wohlfahrtsstaat - Anatomie einer Krise

Egon Görgens
Europäische Geldpolitik: Gefährdungspotentiale - Handlungsmöglichkeiten - Glaubwürdigkeit

Hans Willgerodt
Markt und Wissenschaft - kritische Betrachtungen zur deutschen Hochschulpolitik

Alfred Schüller
Sozialansprüche, individuelle Eigentumsbildung und Marktsystem

Wernhard Möschel
Funktionen einer Eigentumsordnung

Verena Veit-Bachmann
Unsere Aufgabe. Friedrich A. Lutz (1901 - 1975) zum 100. Geburtstag

Gerd Habermann
Ordnungsdenken - eine geistesgeschichtliche Skizze

Guido Bünstorf
Über den Wettbewerb als allgemeines Aufdeckungs-, Ordnungs- und Erkundungsverfahren

Roland Vaubel
"Das Wunder der europäischen Musik" und der Wettbewerb

Roland Kirstein/Dieter Schmidtchen
Eigennutz als Triebfeder des Wohlstands - die invisible hand im Hörsaal-Experiment sichtbar gemacht

Sven L. Eisenmenger
Der Netzzugang als Blockademittel in der Stromwirtschaft

Dieter Fritz-Aßmus/Egon Tuchtfeldt
Insolvenzen in Deutschland: Entwicklung und ordnungspolitische Perspektiven

Frank Daumann/Mathias Langer
Zur staatlichen Förderung von Sport-Großveranstaltungen

Cornelia Storz
Zum Wandel der japanischen Unternehmensorganisation: Innovationsfähigkeit zwischen Diskontinuität und Stabilität

LUCIUS & LUCIUS *Stuttgart*

Zukunft der Sozialen Marktwirtschaft
Schriftenreihe der Ludwig-Erhard-Stiftung

Band 3: Gesundheitspolitik in der Sozialen Marktwirtschaft
Analyse der Schwachstellen und Perspektiven einer Reform
von Peter Oberender und Jochen Fleischmann
2002. 180 S., kt. € 16,90 / sFr 30,10. ISBN 3-8282-0225-X

Das deutsche Gesundheitswesen hat sich in den vergangenen Jahren und Jahrzehnten zur politischen Dauerbaustelle entwickelt: Eine Reform jagt die andere, Gesundheitspolitiker kommen und gehen. Was offensichtlich fehlt, ist eine langfristig tragfähige Reformperspektive. Die Debatte um eine Reform des Gesundheitswesens darf sich nicht darauf verengen, nur Kosten zu senken und Sozialleistungen abzubauen. Vielmehr ist aufzuzeigen, wie sich die Interessen von Bürgern, Leistungserbringern und Versicherungen wechselseitig ergänzen können. Dieser Band will einige dieser Ideen genauer vorstellen und aufzeigen, wie sie dazu beitragen können, ein zukunftsfähiges Gesundheitswesen zu gestalten. Unter Berücksichtigung der Ziele, die in einer freiheitlich-demokratischen Gesellschaft mit dem Gesundheitswesen verbunden werden, wird ein systemtragender Steuerungsmechanismus als Reformperspektive ausgewählt.

Band 4: Mensch, Markt und Staat
von Erich Weede

2003. VIII/157 S., kt. ca. € 15,90/sFr 28,30. ISBN 3-8282-0256-X

Die westlichen Gesellschaften haben die Lösung von Alltagsproblemen wie Produktion von Nahrung, Kleidung und Unterkunft, Dienstleistungen so gut gelöst, dass viele Bürger vergessen, dass eine umfassende Versorgung mit Gütern aller Art keine Selbstverständlichkeit ist. Materielle Versorgungsprobleme vergessend, könnten wir uns der "höheren" Aufgabe zuwenden, eine "bessere", "egalitärere" oder "gerechtere" Gesellschaft aufzubauen.
Die Überzeugung, dass es uns heute nicht mehr um wirtschaftliche Effizienz und Arbeitsanreize gehen müsse, ist doppelt gefährlich. Die erste Herausforderung besteht in einem rapide zunehmenden Anteil alter Menschen an der Bevölkerung. Die zweite resultiert aus der Globalisierung, aus einer Verschärfung des weltweiten Wettbewerbs.
Der Autor zeigt die Gefahren einer von Illusionen geprägten Politik auf. Ausgehend von einer Analyse des Menschenbildes in den Sozialwissenschaften werden Erfordernisse an Organisation und institutionellem Rahmen des Wirtschaftens erörtert sowie die Notwendigkeit, Wettbewerb zu gewährleisten. Globalisierung, Nord/Süd-Problematik und Sicherheitsaspekte werden einbezogen und abschließend die ordnungspolitischen Konsequenzen dargestellt.

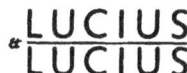 Stuttgart

Theorie der sozialen Ordnungspolitik

Herausgegeben von Norbert Berthold und Elke Gundel
2003. 344 S. gb. € 54,- / sFr 93,-. ISBN 3-8282-0245-4

Mit Beiträgen von
Robert Arnold, Sascha von Berchem, Norbert Berthold, Gerold Blümle, Winfried Boecken, Jochen Fleischmann, Lothar Funk, Egon Görgens, Nils Goldschmidt, Elke Gundel, Rainer Hank, Stefan Hörter, Karl Homann, Christoph Kannengießer, Guy Kirsch, Hans-Joachim Klöckers, Hans-Peter Klös, Eckhard Knappe, Karl Lehmann, Manfred Löwisch, Bernd von Maydell, Angela Merkel, Peter Oberender, Ulrich Roppel, Thomas Straubhaar, Viktor J. Vanberg und Jens Weidmann

Sozialpolitik muß sich innerhalb marktkonformer Regeln bewegen und auf wenige klar abgegrenzte Bereiche konzentrieren. Eine solche soziale Ordnungspolitik beruht auf der Freiheit des einzelnen und auf dessen Pflichten. Durch Eigenverantwortung und Eigenvorsorge muß dem Bürger die Chance, aber auch zugleich die Pflicht zum eigenen Handeln gegeben werden. Die Sozialpolitik ist dann ein nachgeordnetes Korrektiv des Marktgeschehens, bei dem private, marktwirtschaftliche Lösungen lediglich dann durch staatliche ersetzt werden dürfen, wenn dies wohl begründet ist.

Im vorliegenden Band zeigen Vertreter aus Wissenschaft, Wirtschaft, Kirche und Politik auf, daß eine sozialpolitische Neuorientierung erforderlich ist: Solidarität und Subsidiarität müssen einen geänderten Stellenwert erhalten. Notwendig hierfür ist, daß sich die dringend anstehenden Reformen der bisherigen Sozialpolitik einer ordnungspolitischen Grundentscheidung verpflichtet fühlen, also als soziale Ordnungspolitik konzipiert werden.

Hauptthemen

I. Sozialpolitik als Ordnungspolitik
II. Ordnungspolitik und soziale Marktwirtschaft
III. Soziale Ordnungspolitik und soziale Sicherung
IV. Arbeitsmarktordnung und Arbeitslosigkeit
V. Internationale Wirtschaftsordnung und Ordnungspolitik

Bei Fragen zur Produktsicherheit wenden Sie sich bitte an:
If you have any questions regarding product safety,
please contact:

Walter de Gruyter GmbH
Genthiner Straße 13
10785 Berlin
productsafety@degruyterbrill.com